women's worries
solution
Encyclopedia

女性の悩み
解決
大全

石川奈穂子
シックスセンスラボ株式会社
代表取締役

パノラボ

はじめに

私は1965年、福岡県生まれ。2025年には還暦を迎えます。今も福岡に住み、社員15名、女性ばかりの会社の経営者です。

私が当社、シックスセンスラボ株式会社を起業したのは2008年、43歳の時でした。業界経験も資金もない私が美容健康産業に参入し、会社を立ち上げることに、周囲からは無謀だと反対されました。

当時の美容健康業界は男性経営者が多く、前職の広告代理店時代、商品開発や企画段階から携わることも多々ありましたが、残念ながら、自分が使いたいと思う開発の場面に出会うことはできませんでした。

私の起業は、当時の業界とその商品づくりへの違和感がきっかけだった気がします。

女性が幸せに生きるための、女性主導による、女性が使いたくなる商品づくりがしたい。なぜなら男性経営者には、女性に寄り添ったニーズを把握しきれないと考えたからです。

女性だけに限りませんが、幸せな人生の土台になるのは、まず健康です。そして健康であるためには、気の持ちよう、考え方も大切です。つまり、幸せな人生イコール「体と心が健康」ということであり、健康であってこそ、いくつになっても輝き、充実した日々を送れるのではないでしょうか。

後に本文で記しますが、娘のアトピーに悩んでいた私にとって「体も心も健やかになるために満足できる本物の商品がないのなら、自分でつくるしかない」という、居ても立ってもいられない思いでの起業となりました。

大した資金も、学歴もなし。

そんな私でしたが、会社設立以来、7万人以上のお客様に支えられ、おかげさまで起業から17年目を迎えることができました。

これまでたくさんのお客様の声や、女性たちへのリサーチを重ねてより鮮明に見えてきたこと。

それは、原因のわからない「なんとなくの不調」を抱えながらいくつもの役割をこなし、頑張っている女性が多いということでした。

不調を解決するための研究を重ね、辿り着いたのは、女性が本来持っているはずの健康を取り戻し、内側から輝かせる方法でした。

2022年には東洋医学の「五行論」から生まれた新しいサプリ「TUMUYUI」の販売をスタート。

体のバランス、心のバランスをととのえることで「本来持つ生命力を呼び覚まし、美しく、健やかで、充実した毎日を過ごしていく」という考えが支持され、初回予約注文は5日で完売、2023年は前年度比1

70％の売上となりました。

また当社は、商品を売るだけではなく、健康や美容の悩みを抱える女性たちに正しい情報をお届けする必要があると考え、ウェブメディアを自社運営しています。

私が編集長を務める「PURA VIDA《プーラヴィータ》」は月間30万人以上、年間延べ約360万人の方に読まれています。

婦人科医師、美容皮膚科医師、漢方養生指導士、管理栄養士や健康管理士などの専門家の方々にそれぞれ監修してもらっています。

このように、今でこそビジネスは軌道に乗ってきていますが、この本を手に取ってくださった皆さん同様、若い頃の私の人生は、悩みや挫折、反省に満ちていました。

女性の一生は、年齢の節目ごとに体調の変化に対応しながら、さまざまな人生の悩みに直面します。

例えば、理想の男性とはどうしたら巡り合えるのだろう。結婚相手として今の彼氏がベストなのだろうか。家庭とキャリア、どちらを優先すべきなのか……。

あるいは、転職して今を変えたいけれど勇気が出ない。夢を叶えたいけれど、何ができるか、何が向いているか、何から始めればゴールに辿り着けるのかがわからない……。

こうした恋愛や結婚、仕事について以外にも、育児や人間関係など、悩みは尽きません。誰に相談をすべきかすらわからない迷いの出口を探しながら、多くの女性が懸命に進んでいるのではないでしょうか。

私も若い頃、出口を探して進んでいた一人です。

そんな私が妻となり母となり、出産や育児の中で健康の大切さに目覚め、会社の経営者となる今まで、どんな風に考え、行動し、挑戦してきたのか。私の経験談が、今まさに過去の私のようにさまよっている若い女性たちのお役に立つかもしれない。

そう考え、本を書いてみることにしました。

「身近な女性たちから相談を受けたらどう答えるかな」とイメージして、体だけでなく人生の悩みについても、皆さんが一つでも解決の糸口を見い出せるよう、この本を書き進めてみたいと思います。

せっかく生まれてきた一度きりの人生、やりたいことがあるのにチャレンジしないで終えたらもったいない。

ポジティブに、女性としての幸せを120%味わえるよう、輝いて生きていきましょう。

これからどう生きるべきか迷っている。

何か成し遂げたいけれど、それが何かわからない。

そんな風に悩める若いあなたへ。

私が少しずつ積み重ねてきた学びや、体験から身につけた法則が、小さなヒント、気づきとして、どうか届きますように。

CONTENTS

＊目次＊

Chapter 2

女性としての幸せと両立できるキャリアはどう築けばいい?

CONTENTS

＊目次＊

Chapter 3 女性特有の体調の変化、どう乗り越えればいい？

CONTENTS

＊目 次＊

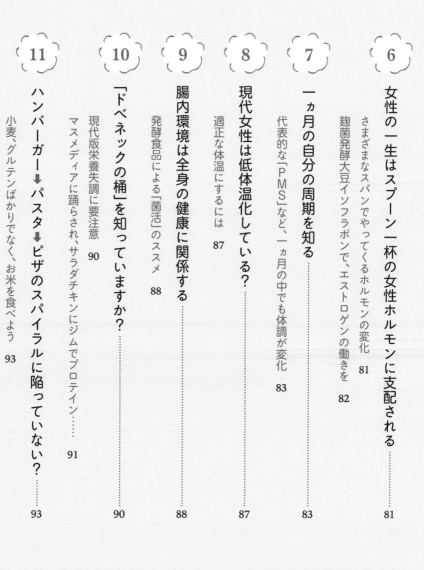

CONTENTS
＊目 次＊

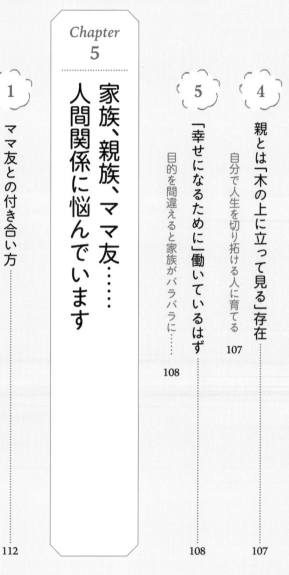

Chapter 5

家族、親族、ママ友……人間関係に悩んでいます

Chapter 6

いつも明るくいられるメンタルケアのコツを教えてほしいです

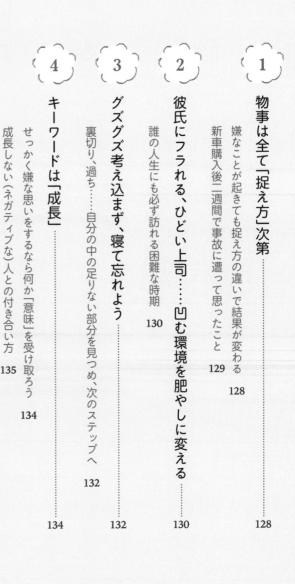

CONTENTS

＊目 次＊

Chapter 7

幸せな女性の人生、結論は？

Chapter 1

働く女性にとって幸せな恋愛・結婚って？

アラサー女性が最も気になっていること、直面している悩みと言えば、ズバリ恋愛と結婚ではないでしょうか。

自分自身の生き方を尊重してくれる人、自分が持っている能力を発揮して、100%人生を謳歌できるパートナーはどう見つけたらいいのか。私が経験則から学んだことを伝えます。

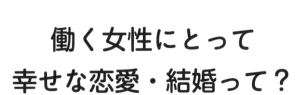

1 結婚相手を選ぶ前に「あなたはどう生きたいの?」

❖友達が結婚したからって、焦らないで!

私の周りの若い女性が、先日こんなことを言っていました。

「30歳独身定年説」。20代まではまだイケてるけど、30歳を過ぎたらもう結婚できないんじゃないか、と焦るわけですね。

特に友達が結婚するとプレッシャーはさらに高まり、「30歳」が呪縛のように頭から離れなくなり……。

でも、人生は焦るとロクなことがありません。

「30歳」の呪縛が「目の前のこの人を逃したら大変だ!」と偽のアラームを鳴らし、相性が良いとは言えない男性と結婚し、数年後には離婚……。そんなことにならないためには、目の前の人や手持ちの札の棚卸しではなく「自分自身を見つめる」ことです。

相手を選ぶ前に、あなたがこの先、どう生きていきたいのかを知ることが何より大事。

10年後「こうありたい」という自分、生活を冷静にイメージしてみましょう。例えば40歳でどんな人生、生活を送っていたいのか。仕事をバリバリやっていたいのか、それとも夫、パートナーをサポートするスタイルが幸せなのか。何を大事にして生きていきたいのか。こういう生活だけはしたくない、というのは何なのか。あるいは50歳の自分は、どういうことにワクワクする人生を送っていたいのか。

自分自身の「送りたい理想の人生」を知ることで、初めてその価値観を尊重し、受け止めてくれる相手を選ぶことができます。

❖「奈穂子さんの旦那さんってどんな人ですか？」

若い人から、私の夫のことや「どんな人と結婚するのがいいでしょうか」と聞かれることがあります。でも、私の夫の話を聞くよりも優先して考えてほしいことを、私はこう伝えます。

「あなたはどう生きたいの？　自分がどう生きたいかがわからないと、相手は選べないよ」

あるいは「彼から結婚のケの字も出ません。プロポーズしてくれる気があるんでしょうか？」などという相談を受けることもあります。

いずれも相手、男性にばかり軸を置いて、自分自身に目を向けていないなぁと感じます。

そうではなくて、自分自身に軸を置き「自分はこんな40代、50代を送りたい。だからそれを尊重し、受け入れてくれる人はどんな人だろうか」という順番で考えてほしいのです。

「30歳独身定年説」だなんて言って、焦らないで。私は女の人は40歳からが一番輝くと思っています。30代を焦りながら過ごすなんてもったいない。

隣の芝生の青さを見ることや、相手探しばかりをするのではなく「自分探し」を上手にできてこそ、その先に最適な相手との出会いがあると、私は思います。

2 自分らしく生きるため、一生働く決意をした

❖稼ぐ力を得ることは「自由を得る」こと

私は若い頃から「仕事は一生続けよう」そう思っていました。

経済力をつけることは、私にとって自分らしく生きるための必要条件でした。結婚しても、経済力があれば伴侶と対等な決定権、発言権を持つことができます。

例えば子どもにバレエを習わせたい、でも月謝が３万円かかる。そんな時にもしも夫から「高い月謝、無理だろ」と言われても、自分にその額を稼ぐ力があれば、諦めなくていいのです。

経済力をつけることは、選択の自由を持つことにつながります。自分

らしく生きられる収入を得られる働き方をしよう。そんなイメージを抱いて、大学卒業後、まずリクルートに就職しました。

働き始めて3年目、社内で私は女性営業チームのマネジメントを任されました。その営業チームの報酬スタイルは、固定給と歩合給の組み合わせだったのですが、ある時会社の方針が変わり、チームの一人ひとりを会社から独立させる「代理店制度」になったのです。

そして、私には別部署への異動の内示が下りました。

5万円の固定給プラス売上の20％の歩合給の身となって、突然一人ずつ事業主にされる彼女たちを置いて、指導する立場だった自分だけ元の鞘《さや》に収まることはできない……。

そう胎《はら》を括《くく》った私は「その代理店制度に私もいきます」と啖呵を切り、会社を辞めて独立してしまったのです。

とはいえ、不安がなかったわけではありません。それまで27万円あった手取りが来月からいくらになるのか。一人暮らしのマンションの家賃も払えないかもしれない。でも逆に、頑張れば収入が増えることだってありうる。一か八かやってみよう。そう決意して独立したのが12月末のことでした。

年が明けて1月2日。事業主になったはいいけれど、クライアントはいません。ふと新聞の広告欄に目をやると、中小企業の連絡先がたくさん書いてありました。そうだ、ここに書いてある会社の一つひとつに営業の手紙を出そう。思い立った私はすぐに手紙を書き、新聞に載っていた住所を頼りに、各社の郵便受けに置いて回りました。

後日一社から連絡があり、社長さんが「正月に来たのか」と驚き

ながら仕事をくださり、最初のクライアントになってくれたのです。そして、私の初月の手取りは37万円になりました。

この体験から、私は山や谷にぶつかっても、自分で何とかすればいいんだということを学びました。そして私にはこのスタイルが合っている。稼ぐ力があれば、自由を得られるんだと知りました。

❖夫婦でも互いの経済的な自立が重要

これまでの話は私の独身時代のエピソードですが、結婚して家庭を持ったとしても、互いに経済的に自立していることは重要だと思います。

例えば、夫の収入だけに依存している場合、もしも夫がリストラに遭ったら、自分も多大な影響を受けます。あるいは夫が転職や起業のために退社してしばらく勉強したいと無収入になっても、同様ですね。

そんな時、自分も経済的に自立していれば、夫の再就職や起業を応援してあげることができます。夫婦であってもそれぞれがきちんと自立できていれば、二人三脚でサポートし合いながら進んでいけます。

自分の人生には経済的にも覚悟とポジティブ思考で向き合いたい。「何とかなる」は「何とかする」こと。自分らしく自由に生きたいから、できない理由を探すより、できる方法を探してみる。

あの1月2日、企業の入口に手紙を置いて回った自分の行動が、10年後、20年後の私に結びついているんだなと、懐かしく思います。

3 候補が何人かいるのは悪いことじゃない

❖ときめきは大切だけど、冷静さも失わないで

20代の頃の私には、結婚を意識する男性が数名いました。

前述の通り、一生働く決意だったので、結婚相手としては私の生き方を尊重してくれる人がいいなと思いながら、候補の何人かを見つめ、お食事などのお付き合いをしていました。

束縛心の強い人や封建的な人でなく、寛容で相手に干渉し過ぎない楽な人がいい。そんなイメージを持っている時、今の夫に出会い、お付き合いを始めて、32歳で結婚。これが大正解でした。

恋心は大切ですが、自分の生きていきたい方向と、候補の男性が合うのかどうかを冷静に見極めることはさらに重要です。

例えば自分は旅行が趣味で、年に何回か旅を楽しむことを生きがいとしているのに、相手は家に居るのが好きで、将来理想の家を建てることが夢だとすると、お金や時間の使い道でぶつかることが多くなるかもしれません。

円満な夫婦でいるために、価値観の共有は必須です。

ポジティブ思考かネガティブ思考か、時間の使い方、お金の使い道は共通しているか、親子関係をどう考えているか。そうした基本的な価値観が似ていて、理解しあえる相手をぜひ選んでください。

何人か候補がいるのなら、自分が10年後、20年後もありたい自分でいられる、私らしい生き方を尊重してくれる相手かどうかを、冷静に分析してみてくださいね。

4 若いうちの恋は「予習」です

❖予習は何歳ぐらいまでに済ますべきか

生涯働くと決め、家庭を持ちながらもビジネスパーソンとして生きる自分を寛容に受け止めてくれる夫と結婚できた私ですが、20代はさまざまなことがありました。

でも、若いうちはいろいろな人とお付き合いした方がいいと思います。自分がどう生きていきたいかを考え、知り、そこを軸にしながら、尊重してくれる相手はどういう人なのかを見極めていく。

結婚前の、いわば恋の予習期間が必要なんですね。

では、予習期間は何歳ぐらいまでが理想的なのでしょう。

焦る必要はありませんが、20代で予習を重ね、30歳ぐらいで集大成を迎えられると、その後の出産や育児に余裕をもって取り組めると私は思います。

予習期間に、この人とは合う、合わない、自分らしく振る舞える、振る舞えないを感じ取り、自分自身の棚卸しをしていけるとベストです。

もちろん、誰もが必ずしも結婚や出産をしなくてもいいわけですが、もしも家庭を築いていく生活や育児を経験する生き方を望むなら、20代での真剣な予習はとても大切です。

その中でダメな男性、間違った相手に引っかかってしまうこともあるかもしれませんが、20代ならその経験を予習として学び、気づき、自分を本当に大切にしてくれる男性に気づける場合もあります。

30代を過ぎて予習を繰り返している人の中には、見ていて辛そうだなと思うこともあります。年齢を重ねるうちに、ダメージも大きく重たくなるからでしょうか。

予習はあくまで予習。できるだけ若いうちに済ませることをお勧めします。

5 「全部まあまあだけど、なんか許せる人」とうまくいく

❖好きでたまらないけど、許せない点がある人は避けるべき？


自分の経験や周りを見ていて思うのは、例えば項目が10あるとしたら、全部70点だけど、まあいっか、と許せちゃう相手とうまくいくような気がします。

逆に、二つ飛び抜けて好きなところがある。でも、一つどうしても許せない嫌なところがある。そんな人とはうまくいきません。

人は変わらないものです。そのたった一つ、鼻につくところ、違和感

はおそらくずっと変わりません。それでもその人の全てを受け止めて愛せるかというと、意外と難しいものです。

それよりも、大好き！　と特別な部分がなくても、違和感がなく、なぜか許せてしまう人といる方が、長い人生、楽なのだと思います。

ルックスや境遇が似ている同士がうまくいくという例も多いです。自分の顔と似たような顔だと、子どもの頃から見てきた家族の顔に近いから、安心感が生まれるのでしょう。

また、もしもできることなら、結婚を決める前に相手の家に行き、ご両親と会えるといいですね。

結婚とは、新たに大きな家族が増えること。決して二人だけのものではありません。相手の家に行き、親御さんとの関係や教育方針など、家庭環境が自分と近ければ近いほど、結婚後も違和感が少ないように思います。

長い人生、山あり谷ありです。共に歩む伴侶として、全てを許して受け入れられる人を選び、一緒に乗り越えていきたいものです。

Chapter 2

女性としての幸せと両立できるキャリアはどう築けばいい？

ここでは女性が自分の家庭を築きながら、仕事とのバランスをどうとっていけばいいのかについて考えます。私自身が出産や起業を決めたタイミング、女性だからこそできる会社、商品づくりについてお伝えします。

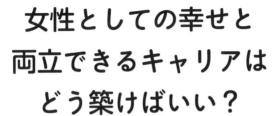

1

ベランダに舞い降りた鳩

❖いのちのバトンをつないでいく

私には、子どもを授かりたいと具体的に考えるようになったきっかけがありました。32歳の時、父方の祖母が亡くなったのです。私が結婚する直前のことでした。祖母は子どもを7人生み、それぞれに2人ずつ子どもがいます。

祖母の葬儀でその親族が一堂に会し、あらためて、たった一人の祖母から7人が生まれ、さらに14人に増えたんだなと思った時、ふと私も「いのちのバトンをもらったんだ」と実感したのです。

このバトン、ご先祖さままで遡れば、すごい数になるはずです。今まで脈々とつながり、私も受け継いだいのちのバトン。私も次につないでいく使命があるのではないか。

そんな風に考えた時、出産や子どもを持つということが私の中で急に現実味を帯びてきました。そのタイミングで結婚し、「これからは仕事と自分の家庭、両方を充実させていこう」そう思えたのです。

❖安心して帰れる場所、巣をつくりたい

それまでの私は仕事にバリバリ打ち込んで、人並み以上に頑張ってきたタイプの人間でした。でもこれからは仕事だけじゃなく、女性として、一家庭人としての幸せも追いかけていいいんじゃないか。女性だからといって、何かを諦める必要はない。せっかく女性として生まれたからには、子どもを生んで育ててみたいと思ったのです。

そういえば他にも、いのちのつ

ながりを意識する出来事がありました。

独身時代に住んでいたマンションのベランダに鳩が住み着いたのです。その鳩が卵を産み、雛がかえったのを見た時に「この鳩もいのちをつないでいるんだなぁ」としみじみ思ったのです。その雛を見て「私も母になりたい」という願望を自覚したような気がします。

これからもキャリアを積み、ビジネスパーソンとしても成長していきたい。けれど、一日の仕事を終えてホッと落ち着ける場所、安住できる巣もつくりたい。

祖母の葬儀に参列したり、鳩の雛を見たりといったきっかけから、かけがえのない巣を自分でつくりたいと強く願い、32歳で結婚、34歳で長女を授かることにつながったように感じています。

2 出産で「運命を受け入れよう」と決めた

❖起きた全てを受け止める覚悟と責任を持つ

長女が生まれた後も仕事を続けていた私は、特に二人目の妊娠を計画したわけではありませんでした。

その頃は先述したようにリクルートから独立し、元同僚らと３人で専属代理店を経営していたのですが、私自身は事業のステージを１つ上げたいと考えていました。別会社を立ち上げて起業しようかと思っていた矢先に第２子の妊娠がわかったのです。

41歳の高齢出産になるので、産婦人科で羊水を検査する出生前診断を受けるかどうかを聞かれました。

医師いわく「40歳を過ぎると障害児が生まれる可能性が３％の高さになります。ただし羊水検査にもリスクがあり、３割近い方が流産をする可能性があります」とのことでした。

流産のリスクを冒してまでするその出生前診断で、お腹の子に障害があるとわかったとして、堕胎などできるだろうか。できるわけがありません。私は出生前診断を断り、たとえどんな子が生まれてきても受け入れようと覚悟を決めました。

私は、どんな子でも役割を持って生まれてくると思っています。しかし世の中には、障害を持つ本人あるいは親が苦労すると思い込んでいる方もいます。

もしも自分自身に、目の前で起きる全てを受け止める覚悟さえあれば、どのような出来事も乗り越えられるのではないでしょうか。

置かれた運命の中で生きる。自分で選んで歩いてきた道のりに対して責任を持つ。

出生前診断を断ったその時から、私はそんな覚悟を決めたような気がします。

3 仕事も子どもも諦めない。キャリアと出産適齢期のバランス

❖女性の体年齢は嘘をつかない。リミットを逃さないで

現代は、不妊治療をする方や高齢出産の女性も多く、40代で妊娠出産する方も少なくありません。しかし残念ながら、女性の生殖能力には年

齢的なリミットがあります。排卵の数も卵子の鮮度も年齢が上がると共に確実に落ちてきて、それに抗うことはできません。

私自身を例に挙げると、34歳での長女の出産、41歳での次女の出産で、産後の回復の仕方が全く違いました。次女の出産後は体調を崩し、発熱や発疹など、長女の時にはなかった不具合が続きました。

年齢が高くなるほど基本的な体力は落ちますから、妊娠や出産は大きな負担になります。

できることなら30代までの出産を目指すと妊娠もしやすいですし、母体への負担も軽く済むと思います。

❖二人の子どもを生んでようやく分かったこと

とはいえ、何事も計画通りにいくとは限りません。私自身、二人目の妊娠出産に関しては無計画でたまたま授かったようなものですから。

ただ、二人を育ててようやく分かったことがあります。子どもが一人と二人以上では、家庭環境が全く違ってくるということです。

子どもはきょうだいでも育てあいますし、親も一人を育てるのと二人を育てるのとでは大違いで、飛躍的に成長します。私の感覚では、一人を育てている時は母親と父親で50％ずつ力を出し合い、合計100％になりますが、二人を育てるには50％の力が父親と母親それぞれに倍必要で、結果、合計200％の力を出して子育てに奮闘することになります。

そんな意味で、私は二人を育てて初めて親になったという気がしました。

❖波をかぶっても「何とかなる」の精神で

仕事をしながらの子育ては、なかなか思い通りにはなりません。子どもが体調を崩すなどのハプニングもしょっちゅうですが、その都度襲ってくる波をざっぷりかぶりながら楽しめばいいと思います。

思い通りにならないという困難な経験の積み重ねが、人の幹を太くしていきます。咲かせる花の数を先に決めるのではなく、経験を積むことにより大地に根を広げていけば、やがて自分が思っているより多くの花が咲くのではないでしょうか。

最近の若い人を見ていると、教科書通りに枠をはみ出さず、安心できる範囲で行く先のレールを敷いているような気がします。でも、思い通りにレールが続くとは限りません。

仕事と子育ての両立は大変なことの連続ですが「何とかなる」の精神で進めば必ず何とかなると、私は経験上そう思います。

4　43歳、第二子出産後二年で起業

❖チャレンジは何歳からでもできる

次女の出産を機に、リクルートから独立し、元同僚と設立した専属代理店を退職した私は、出産から二年後の2008年、シックス

センスラボ株式会社を創業しました。福岡市内のマンションの一室で、女性二人でのスタートでした。

私の場合は起業でしたが、やりたいと思うことがあるなら、スタートするタイミングは人それぞれです。何歳からでも遅いということはありません。やりたいことが見つかったら、いつからでもチャレンジできるのです。

そして、チャレンジの内容も進む道順もそれぞれです。学んで資格を取ってそれを仕事にする人もいるでしょうし、ネットを活用してSNSで発信する人もいるでしょう。そうした積み重ねを続けるうちに、いつしか「先生」と呼ばれるプロになっているかもしれません。

何も、壮大な目標を立てなくてもいいのです。

女性には、目の前にあることを一つひとつ丁寧に堅実に積み上げていき、時間をかけて何かを達成するタイプの人が多いように思います。

私も同様で、とにかく目の前のことを一生懸命にやる。結果として、自分自身で描いている「こうありたい」という人生に近づけていくイメージです。

やりたいことがあるなら、何一つ諦めなくていい。子どもを産んで働いて、自分らしく生きる。小さな努力を重ねて邁進し、夢を一つひとつ叶えていってほしいと思います。

5 起業は能力でなく「胎《はら》を括《くく》れる」かどうか

❖起業して「苦労」と思ったことはない

起業する、特に女性が会社を創業して経営者になるというと、特別な能力やお金があったのではないかと言われることがありますが、そんなことはありません。

起業する人としない人の違いは、目の前にあることをがむしゃらにやる覚悟を決めるか、胎を括るかどうかの違いだけだと思います。

少なくとも私の場合はそうでした。いろいろなことにチャレンジしていきたい、安心できる居場所としての家庭も持ちたい、などという人生に対する希望、ビジョンの一つに起業があり、必死に頑張る覚悟を決めただけのことです。

❖思い通りの生き方を許してもらうために「120%」の頑張りで

覚悟を決めて事業をスタートさせたのですから、人の倍とまではいかなくても、並みよりは努力しなければなりません。

そもそも起業も、仕事と家庭の両立も、誰かに頼まれたわけではなく、自分自身が思い通りの人生を満たしたいからやっていることです。思い通りの生き方を許してもらうためには、120%頑張ろう。そうでないとただのわがままになってしまうし、周りの誰かに迷惑をかけてしまいます。

120%の頑張りというのは、他の人より2割長く多く働く、というよりは、100%の時間内で120%の成果が出るように知恵を絞って動く、考えて時間を使う、ということです。

家事なら、仕事を終えて帰宅した夜、洗濯や子どものお弁当の仕込みをする。週末に、翌週の買い物や料理の仕込みをしておけば、帰宅してすぐ夕食の準備に取り掛かれます。

仕込みといっても手の込んだことをするのではなく、野菜を大量にカットしたり茹でたりと、同じ作業をまとめてしておくだけで、平日の料理の効率が格段に上がります。

例えば、材料が共通するメニューは何かを考えてみる。実はカレーと肉じゃがとクリームシチューって、材料はたまねぎとじゃがいもとにんじんとお肉、ほぼ一緒です。カットする野菜の量を増やすだけで、仕込みが一度の手間で済みます。同じ材料を使っているのに月曜はカレー、火曜は肉じゃが、水曜はクリームシチューと別メニューにして出せるので、子ども達は「ママは毎日いろいろなものを作ってくれる」と喜んでくれます。

要は、いかに時間を短縮しながら効率を上げるかという仕事でも使う考え方を、家事にも取り入れるということです。

❖両親やシッターさん、ヘルパーさんなど周りの力を借りましょう

仕事と家庭の両立を目指す時、完璧を求め過ぎないことも大事です。

例えば料理なら、健康食材のお惣菜などを足すこともあります。特に

我が家は女の子二人なので、食卓が彩りよく華やかだと「わー、ママすごい、こんなに作ったの」と、喜んで食べてくれます。

子どもが小さい時には、周りの力も借りながら家事を乗り切りました。二時間だけベビーシッターさんを頼んだり、ヘルパーさんにお掃除をしてもらったり、両親に子どもを預けたこともあります。夫の親にも上手に甘えて、助けてもらった時には素直に感謝の気持ちを伝えると良いのです。

仕事と家庭の両立には、人の手を借りなければならない場面が必ず出てきます。肩の力を抜いて、借りられる手は借りて、マンパワーを補っていきましょう。

6 がむしゃらに頑張る人には応援者が現れる

❖必死な人には、足りないものを誰かが連れてきてくれる

起業など、新しいことに挑戦しようとする時、全てが揃っていなくて

も大丈夫です。目の前の仕事にがむしゃらに取り組んでいる人のことを周りはちゃんと見ていてくれます。

その一生懸命な姿が、見ている人の心を掴むのでしょう。自分にできることはないか、手助けしてあげたいと思わせる何かが、必死な頑張りをしている人から発せられ、応援者を引き寄せるのだと思います。

特に起業経験を持つ社長さんたちは、後進の起業家の気持ちや大変な道のりがわかるので、手を差し伸べたくなる人が多いようです。自分が助けてもらったように、順

番に次の人を応援したいと思われるのでしょう。

挑戦する人は応援を待つのではなく、わからないこと、困っていること、教えてほしいことなどを素直に人に聞き、自分から教えを乞うことも大切です。

私も起業当時は必死だったので「こういう人を知らない？」などと周りの方に積極的に相談していました。結果、多くの専門家など、必要な方を紹介していただきました。人が人を連れてきてくれて、足りなかったものが次第に補われていったのです。

他人様に教えを乞うのは恥だとか、誰かを紹介してほしいとお願いするのは格好悪いなどと躊躇しているうちは、まだ必死ではないのだと思います。なりふり構わずがむしゃらな姿そのものが「真剣な挑戦」の発信になるのです。

多くの方に応援してもらっている私は運が良いのだと思いますが、必死で頑張ってさえいれば、その真剣な姿を見ている誰かが、必要なものをきっと連れてきてくれるでしょう。

7 女性経営者だから、女性が働きやすい会社をつくる

❖家族に応援してもらえる環境づくり

当社は「女性の一生に寄り添う」をモットーに、商品づくりをしていますが、その思いは経営者として、社員の働く環境にも生かしたいと考え、実践しています。

現在働いてくれている社員は全員が女性で、個々に抱えている家庭環境もさまざまです。これまで私は経営者として、彼女たちが働きやすい職場環境やルールを整えてきました。

例えば、当社は有給休暇を一時間単位で取得できます。子どもの参観日、がん検診、親御さんの介護など、一日や半日休まなくても二時間だけ抜けたい、数時間だけ早く帰りたいといった用事は、特に女性なら少なくありません。一時間単位の有休を利用して、仕事とプライベートを上手く組み立ててほしいと考えています。

また、年に一度「ファミリーパーティ」を開催しています。社員とご

主人、お子さん、親御さんなどの家族を招待し、公園でバーベキューなどのパーティをします。家族が妻や母親の職場の人と会い「会社で活躍し、皆に好かれて仕事をしているんだ」と理解してもらうための場づくりです。当社で働く女性を家族が応援し、一緒に協力してもらいたいという願いから、このパーティを開催しています。

また、社員の「誕生祝い」も行っています。社員の誕生日にはお祝いの花を自宅にお届けするのですが、家族構成によって趣向を凝らしています。お子さんがいる場合は風船付き、両親と同居している場合はお酒付きなど、届いて受け取った家族が喜んでくれて、お母さんは、うちの子は、会社で頑張っているんだなと感じてもらえるようにしています。この取り組みも、社員の働きやすさにつながると考えています。

❖「好奇心のアンテナ制度」や「サプリメントバー」も

もちろん、社員を応援し、ワークライフバランスを整える環境づくりにも気を配っています。

例えば「好奇心のアンテナ制度」。一人毎月5千円までの予算で、何に使ってもいい経費の枠があります。領収書を持ってきたら支払うシステムになっています。

あるいは社内に設置した「サプリメントバー」。自分に必要なサプリメントを社員が自由に飲み、定期的に血液検査をして体調の変化がわかるようにしています。

また、エアロバイクやワインセラーを社内に置き、終業後などに自由に使ってもらっています。

こういった女性が働きやすい環境づくりには、私自身がほとんどワンオペで家事と子育てをしながら仕事を続ける中、痛切に望んできたものを取り入れています。

当社で働く社員たちには、家族に理解と応援、協力をしてもらい続けられるような職場を提供したい。幸せで充実したプライベートとの両立ができる会社でありたい。

女性経営者だから、女性の生活に寄り添う会社をつくる。それが当たり前になってほしいと考える私の挑戦でもあります。

8

社員と一緒につくった当社の行動指針「クレド」

❖常に立ち返る、企業としての志

当社では全員が共有する行動の基準として「シックスセンスラボ クレド」を定め、社員と共有し、ホームページにも掲げています。クレドとは信条、志、行動指針という意味です。

業務に慣れ、追われてくると、迷ったり間違えたりすることがあります。そんな時に経営者と社員、スタッフ全員が共有するクレドを確認することで、初心に還り、行動の指針を思い出すことができます。

社員と一緒に10ヵ月かけて作り上げた6つのクレドを、ここで紹介します。

❶サプライズ接客

私達は期待を超えた、記憶に刻まれる接客をします。

❷常に自分をアップデート

好奇心のアンテナを張り巡らせ、機会を自ら創り出し、機会によって自らを変えていきます。

❸Try Try Try!

できないではなく、できる方法を考えます。

❹1アクション3ゴール

目的を正確に理解し、1アクション3ゴールを実行します。

❺認め愛・助け愛・高め愛

運命で出会った素晴らしい仲間、困れば助け合い、成功すれば共に歓喜します。

❻人生ってワクワク♪

仕事もあそびも全力疾走。私たちは輝く女性のロールモデルとなります。

今ではスタッフ全員がクレドの言葉や信条を心と魂に刻み、仕事に取り組んでいます。マネージャーたちは自然とクレドの指針を後輩への指導にも活用しています。

お客様への対応にもクレドが生きています。

例えば「サプライズ接客」。あるスタッフが会員の方から「今までポイントシールに気づかず捨ててしまっていたので、台紙を送ってください」というお問い合わせを受けました。スタッフは、これまでの購入履歴を確認、捨ててしまった相当分のシールを貼り、お客様に台紙をお送りしたそうです。期待された以上のおもてなし、ちょっとした気遣いのあるまさにサプライズ接客だなと、私は嬉しくなりました。

私自身も、お客様から寄せられるお問い合わせを全て読み、時には私の経験から参考にしていただ

けそうな場合には、直接返信することもあります。経営者から直々に返信メールが届き、お客様はびっくりされますが、私にとっては当たり前のこと。お問い合わせの中から、女性たちが必要としているものを知りたい。それに対して私たちが何をすべきかを、真剣に考えているからです。

女性が輝く社会をつくりたい。女性がもっと健康で美しく、活躍できる社会になってほしい。そんな強い願いを伝えることが、この本を書こうと思った理由の一つでもあります。

9 商品は女性たちの声から生まれる

❖創業後初の商品、UVカットスプレーが大ヒット

女性経営者と社員が自ら企画し、開発するからこそ、女性が必要としていることや困っていることに実感を持って耳を傾け、商品に反映させることができます。

例えば創業の翌年、２００９年に発売した最初の化粧品が多くの女性に受け入れられ、いきなり大ヒット商品となりました。

「メイクの上からシュ～ッ！　薬用美白ＵＶカットスプレー」は、＠コスメのＵＶケア部門で２位にランクイン。暑い夏、日焼けはしたくないけれど、メイクの上からファンデーションを重ね塗りすると、汗や皮脂でヨレて悲惨な顔に……。その恐ろしさを知っている女性だからこそ、何とかならないかと考え着いたのが、肌に吹きかけるだけでＵＶカットができるスプレーだったのです。

あるいは２０１２年に開発したダイエットサプリ「カットカット」。健康や美容を意識しているけれど、食べることや人生を楽しみたい女性にとって、糖質ゼロの食事はストレスに感じるし、味気ない。だったら、美味しくストレスなく食事をしながら糖質カットができる方法があればいい、と考えて生まれたのがこのサプリでした。

❖女性の組織だから、女性の困りごとが手に取るようにわかる

こうして女性の声に耳を傾け、自らも実感、体験している困りごとを

解決できる商品を開発し、販売を続けた結果、創業後の10年間、年間売上が前年度比で倍増していきました。多くの女性のお客様が当社の商品に共感し、ファンになってくださったおかげです。

今では総会員数が7万人を超え、10年以上定期購入を継続されているお客様も大勢いらっしゃいます。

自社の情報メディア「PURA VIDA《プーラヴィーダ》」の閲覧人数は月間約30万人です。「PURA VIDA」には「女性の今の調査・リサーチ」というカテゴリーを設け、一般の方を対象に数百人から数万人単位での調査を定期的に行っています。

各分野の専門家による執筆記事をたまたま検索して読んで、サプリのページに辿り着き「今まで不調の原因がわからなかった」「サプリを一回だけ試したい」というお客様もいらっしゃいます。

このメディアを活用し、自身の体のケアに役立ててくれることができたら、また女性の悩みに答える駆け込み寺のような存在になれたら嬉しいです。

10

女性が真に求める商品づくりの秘訣

❖男性ばかりのサプリ企業経営者に感じた疑問

広告代理店で働いていた当時、私は大きな疑問を感じました。それは、サプリメントを製造販売している企業の多くが、中身にコストをなるべくかけない商品づくりをしているという点でした。

一般的に、サプリメントは原価を10％以下に抑える、つまり機能成分以外のものを入れてかさ増しをするというのが常識としてまかり通っていたのです。

当時、私が企画段階から関わった、男性経営者のサプリメーカーとの取引で「1ヵ月分1万円の商品を、1包6円でつくって」と言われて驚いたことがあります。60包入りですから、原価は360円です。1万円で売るサプリにかける中身のお金が360円……。

これは一般論ですが、男性経営者は「売れる商品づくり」のためにコストをかける傾向があると感じました。テレビCMなどの広告にタレントを起用したり、豪華なパッケージにお金をかけたり、これでは商品を売って利益を上げることが目的で、お客様に健康を届けるという信念を持ったものづくりではないのではないか。

そんな疑問が湧き、私は正直「ここの商品は買いたくない」と思いました。

❖「最適価格の中の最高」を目指して

サプリメントの開発や販売を始めるにあたり、私は過去に疑問を抱いた企業のようなつくり方ではなく、自分が飲みたい、自分の子どもにも安心して飲ませられる商品をつくろうと決めました。

例えば、サプリはカプセルに詰める段階で、サラサラするものを入れないと詰めにくいのですが、そうした添加物は可能な限り入れたくない。健康になるために飲むサプリなのだから、機能が認められた成分だけを詰めたい。

しかし、そうすると原価が上がります。ではどうするか。私は中身にコストをかける分、それ以外のパッケージや配送などのコストを抑えることで、ギリギリの原価に設定したのです。

一般の女性が無理なく継続できる一ヵ月分の価格はいくらかと考えた時、５千円前後が適正ではないか。それなら当社は、５千円という最適価格の中の最高を目指そう。

そう考えて、それまでサプリ容器として常識だったプラスチックボトルをパウチに変え、外箱を無くし、宅配便でなくメール便で送れる簡易包装にしました。

工場の現場担当者からは「５千円のサプリがパウチで、しかも箱にも入れないんじゃ売れませんよ」

と猛反対されましたが、私は飾りの外装は要らない、中身にお金をかけたいという信念を貫きました。

蓋を開けてみたら、これが女性のお客様のニーズと合致し、支持されたのです。無駄なパッケージがないのはエコですし、郵便受けに届くメール便なら宅配より受け取りの手間もかかりません。

同じようなサプリメントが数多くある市場で、細かい部分にまで気を配った当社の商品がトータルで支持されているのだと思います。

当社は同じ女性として、母親として、安心して飲んでいただける、最適の中の最高のサプリメントを製造販売していると、自信を持って言えます。

Chapter 3

女性特有の体調の変化、どう乗り越えればいい？

女性の一生はスプーン一杯の女性ホルモンに翻弄されると言っても過言ではありません。初潮から思春期、出産適齢期を経てやがて更年期、そして閉経と、女性ホルモンの増減に体調が左右され、戸惑わない人はいないのではないでしょうか。

ここでは、私自身や娘の身近な体験、そしてお客様の声から学び、独自の研究で見出した、健康な毎日を送るカギをお伝えします。「未病」のうちに不調の原因に気づき、対策するヒントにしてください。

1 不調を我慢してやり過ごしている女性たち

❖体の声に耳を傾け、自分でととのえていくことの大切さ

「はじめに」でも書きましたが、これまでたくさんのお客様の声、女性たちへのリサーチから鮮明に見えてきたことがありました。

それは、多くの女性が原因がわからない「なんとなくの不調」を抱えながら、いくつもの役割をこなして頑張っているということでした。

現代の女性は忙しい。仕事も家事も、加えて子育てもしているならなおさらです。朝に家族を送り出し、昼間は仕事、夕方に慌てて帰宅し食事の支度、片付け。お子さんの勉強を見てあげる日もあるでしょう。

男女平等の世の中ではあるけれど、多くの家庭で家事の負担は女性の方が重くなっているのが現実です。

そんな多忙な日々の中、頭痛や手足の冷え、不眠、便秘、肩凝りなどが慢性的にあっても、自分のケアはつい後回しにしてしまいがち。

朝から疲れていても辛くても、寝込んでいるわけにはいかず、我慢し

て仕事や家事に追われるうちに、気づけばあっという間に今日も夜……。

でも、そんな毎日が当たり前だと、どうか思わないでください。不調が続くのは、体の中のバランスが崩れているサインかもしれないと気づき、放っておかないでほしいのです。

不調は体からのメッセージです。その声を無視せずに耳を傾け、自分の体にきちんと向き合い、大事にし、早めにケアする習慣をつけましょう。

2 長女のアトピーからの気づき

❖栄養と免疫バランス、腸内環境をととのえることがカギ

体と向き合うことの大切さや、健康は時間をかけてつくられることに気づいたのは、長女のアトピーがきっかけでした。

私は働きながら32歳で結婚し、34歳で長女を出産しました。その娘が

生まれつき、ひどいアトピーだったのです。

生まれて間もなく長女を病院で診てもらうと、お医者様から「全身に塗るように」とステロイドローションを処方されました。言われた通り全身に塗ると、その時は肌荒れがスーッと引くのですが、しばらくするとまた、肌が荒れてきます。ステロイドを塗る→肌荒れが引く→また肌が荒れてくる→ステロイドを塗る……その繰り返しでした。

かゆさのため夜中に起きてしまい、掻きむしって泣く長女の背中をさする日々。一番辛いのは長女本人ですが、母親として改善してあげられない私自身も辛くなりました。

改善策を探して病院を転々とする中、長女が3歳の頃にかかったお医者様が、独自のステロイドを処方してくれました。治療費が月に2、3万円もかかる高額なステロイドを使い始めても、アトピーは大きくは改善しませんでした。

疑問を持った私は、他に治療法や解決策はないのかと多くの本を読み、調べていくと、アトピーの原因には自律神経、免疫バランスが大きく関係しているため、腸内環境をととのえるなどの体質改善が必要だとわかってきました。

外側から何かを塗るのではなく、食べ物や生活習慣、環境を見直して「内側から変える」ことの大切さを知ったのです。

❖若い頃の食生活を反省

恥ずかしながら、独身時代の私は食生活に全く無頓着でした。仕事に邁進していたために、食事のことは後回し、外食やコンビニで買ったものなどで手早く済ませることが多かったのです。どのような材料が使われているかなんて気にもしないので、原材料表示を見て買うこともせず「食べてはいけないもの」などという概念もありませんでした。

そんな私が母になり、長女のアトピー治療に悪戦苦闘する中でいろいろ勉強し、遅ればせながら、長年取り入れてきたものが、自分の体や自分が生んだ子どもの体をつくったのだろうと悟りました。

私の無頓着な食生活によって、もしかすると添加物などが体内に塵のように積もり、私自身の腸内環境が悪く、免疫機能がちゃんと働いていなかったのかもしれない。そういえば、ずっと便秘がちで、低体温でしたし。そんな状態の母体で、長女にへその緒から栄養を渡していたことが、娘のアトピー体質を生んでしまったのか？

❖人の体は食べるものでできている

今考えれば当たり前のことなのですが、人の体は食べるものでできています。そう気づいてからは、食事はできる限り健康的な材料を使って手作りをし、添加物や化学物質を体に入れないような食生活を心掛けてきました。

過去の食生活を懺悔にも似た気持ちで反省し、長女が2歳頃から無農薬野菜を使ったり、添加物の入っていないおやつを選んだりなど、口に入れるものにこだわるようになりました。

洗剤も蛍光剤不使用のもの、下着は綿100％、布団は天日干しし、空気清浄機を使うなど、体質と環境の改善に努めるうち、アトピーの状態は少しずつ改善されていきました。

長女の体に塗るのは保湿のローション等を中心にしたものの、完全にはよくならないため、ステロイドも結局、小学校2年生ぐらいまでは使わざるを得ませんでした。

私自身の食生活や体質改善が功を奏したのか、41歳で出産した次女は長女と対照的に、実にきれいな肌で生まれてきてくれました。

そんな自身の出産や育児での深い反省から、特に女の人には「若い時から自分の体を大事にしてほしい」と思うようになりました。

自分のためだけでなく、出産を通じて子どもに健康な体を引き継ぐためにも、体の声にしっかり耳を傾け病気にならない体づくりの努力をしてほしいと思います。

❖スーパーフード「ユーグレナ」との出合い

アトピーは外からステロイドを塗って治すのでなく、食生活や体質改善で免疫バランスをととのえるなど、体の内側を変えていく必要があると気づいた私は、そのために他にできることはないかを探し求めていました。

その中で見つけたのが、ユーグレナです。

ユーグレナとは、微細藻類の一種で、和名はミドリムシ。食物繊維の一種である特有成分パラミロンを多く含む他、ビタミン13種、ミネラル9種、アミノ酸19種、DHAやEPAなどの不飽和脂肪酸12種等、全部で59種類もの栄養素がバランスよく含まれています。

野菜には硬い細胞壁があるため、普通に食べてもその栄養素の30～40％しか吸収できませんが、ユーグレナは90％以上吸収できることがわかっています。また、免疫バランスを整える作用があるというエビデンスも出ています。

そこで、私は東京大学時代から研究を続け、食用大量培養に成功したユーグレナ社の出雲充社長に連絡し、当社初のサプリメントとしてユーグレナを使わせてもらえないか、直談判をしたのです。

❖女性用ユーグレナサプリの誕生

そうして開発を進め出来上がったのが女性用ユーグレナサプリです。２０１１年に当社から発売しました。

このユーグレナサプリは私もずっと愛飲していますが、飲み始めてすぐに体調の変化を感じ始めました。まず、それまで冷えが原因だったのか、なかなか寝付けず、朝から疲れを感じていたのが、朝すっきりと起きられるように。三ヵ月ほど経つと頑固な便秘が解消され、一年後には36度だった平均体温が36・7度に上がりました。

今ではお風呂上がりに厚手の靴下が要らなくなり、ベッドに入るとすぐ眠れ、肌のくすみも消えています。

自分で試し、明らかに良い効果が得られて体が変わったこのユーグレナサプリは、徹底して中身にコストをかけるというこだわりも功を奏し、6万人以上のお客様に定期購入されるヒット商品になりました。

安全性が担保されたこのサプリを、中学生になった長女にも飲ませたところ、やはり便秘が解消し、肌の調子もさらに改善されたため、ステロイドは極力使わないようになりました。

しかし、それでも当社には、まだ「不調」という言葉が、お客様の声として届きます。体調が以前より良くなっているとはいえ、100%ご満足いただけないのはなぜなのか。

ユーグレナで栄養バランスも腸内環境もととえているのに、足りないものがあるとすれば、それは何なのだろうか。

私は、お客様の声を詳しく分析してみることにしました。

3 症状が出た原因と向き合い「未病対策」を

❖体からのメッセージである「不調」を無視しないで

私は、当社に寄せられるお問い合わせの内容に全て目を通しています。

そこで、多くのお客様が「不調を抱えている」という、悲鳴に近い声が上がっていることを知っていました。

しかし、病院で検査をしても数値的な異常は何も出ない。西洋医学では検査結果の数値で病名を決めるので、数値が正常の範囲なら、その症状は病気ではないわけです。

病院で「病気ではない」と言われれば、具合が悪くても我慢するしかありません。

私は、多くのお客様が身をもって実感している「不調」という体の声に耳を傾け、きちんと向き合って早めにケアをしてほしいと思いました。

病名がつかない「未病」のうちに体からのメッセージを受け取り、対応してあげれば、その先に起こりうる「病気」を防ぎ、本来持っている生命力を呼び覚まして、もっと輝けるはずです。

❖お客様の声でわかった「女性の不調は多岐にわたる」

そう考えた私は、全国の35歳以上の女性のお客様にアンケートを実施することにしました。

体、心、肌、現在感じているそれぞれの悩みと、その原因だと感じているものについて回答してもらったのです。すると「不調」は単一ではなく、多岐にわたっていることがわかりました。

女性の体の悩みは実に複雑です。アンケートを寄せてくれた約4万5千人の女性の不調は、どれ一つとして同じ組み合わせがなく、原因と感じているものも違いました。

この複雑な不調は、一つ解決したところでなくならないのではないか。それぞれの不調ごとに解決が必要なのか、それとも、不調はいくつかにパターン分けができるのか。

アンケート結果からさらに研究を進めるうちに、複雑な不調の原因を改善する糸口は、東洋医学の考え方から導き出せることがわかってきたのです。

4

女性の体ととても相性が良い「東洋医学」

❖西洋医学は対症療法、
東洋医学は症状が出た根本の原因を探り出していく

西洋医学では健康を数値化して悪い部分を見つけ出し、薬を処方するなどの処置をします。つまり、先述したように本人に体の不調のサインがあっても、検査数値が正常範囲であれば健康とみなし、処置はしません。

それに対して東洋医学は、体の不調のサイン、感覚を大切にします。例えばだるい、手足が冷える、足がむくむ、イライラするなど、病気ではないけれど辛い感覚のことです。

不調の原因を探り、体のバランスをととのえるアプローチを行うことで、病気にならない体づくり

を行う「未病対策」をするのが、東洋医学の考え方です。

いわば東洋医学は自然治癒力を高め、本来あるべき健康な状態に戻していくことを目標にしています。

この点から私は東洋医学に着目し、漢方薬のような効果を持ちながら、副作用のリスクを避けられる食品のサプリメントを作れば、女性の毎日を応援する未病対策ができるのではないかと考えました。

5 ついに辿り着いた「五行論」

❖東洋医学の中に答えがあった

こうして東洋医学を学んでいった私は「五行論」という考え方に答えを見出しました。

五行論とは漢方の基本であり、万物を「木」「火」「土」「金」「水」の五つの要素に分類し、それらの関係を説いた理論です。この五つは互いに支え合い、影響し合い、絶妙なバランスを保っています。

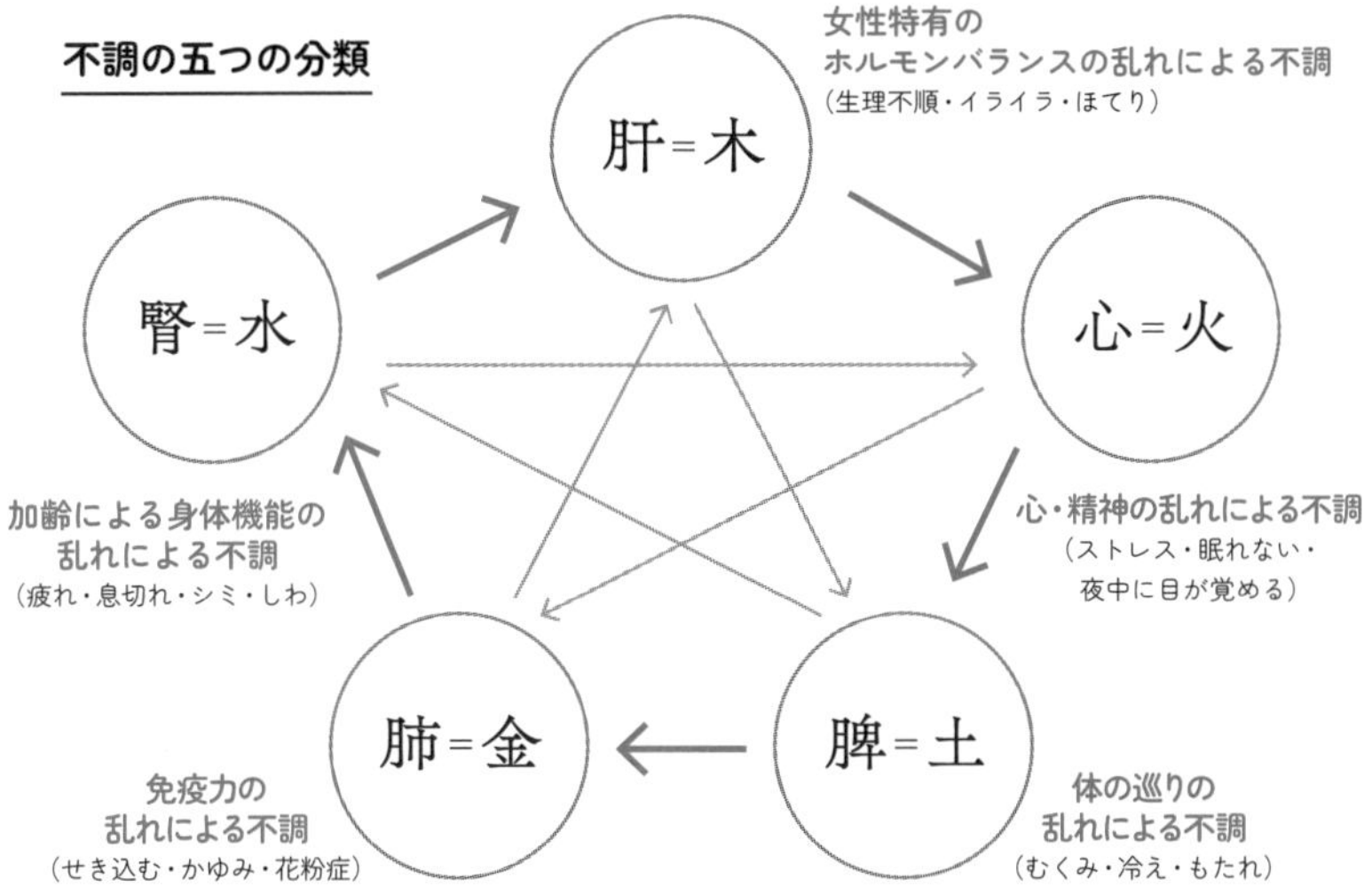

少し専門的になりますが、五行論では、人間の体は自然界の一部であるから、全て自然界に答えがある、とされています。つまり体もこの五つの要素に分類することができ、それぞれがお互いに支え合い、どこかのバランスが崩れることで不調は起きるのではないか。

そう考えた私は、五つの要素を人体の働きに分け、不調を分類することにしました。

❖不調を五つに分類してアプローチする

不調の五つの分類は上図のようなものです。

そして、一番強く感じている不調からアプローチをすることで、複数感じている不調まで改善できることがわかりました。

また、例えば「火」に不調を感じている人は、「木」と「火」を組み合わせることで、いっそう高い効果、早い効果を期待できることがわかったのです。

❖五行論の理論を生かしたサプリ「TUMUYUI」の完成

こうして私たちは、人間の体とその役割を五行論に当てはめ、バランスを崩している部分を補うサプリメント「ＴＵＭＵＹＵＩ」シリーズを開発、２０２２年に発売しました。

「私はどこのバランスを崩しているのだろう?」と思われた方には、当社は、ご自身がどこのバランスを崩しているのかがわかる診断ツールを開発しています。質問項目に答え、まずは自己分析してみることが大切です。

「ＴＵＭＵＹＵＩ」は、体と心のバランスをととのえることで「本来持つ生命力を呼び覚まし、美しく、

あなたのからだとこころ分析
TUMUYUI

健やかで、充実した毎日を過ごす」という考えが支持され、初回予約注文は5日で完売。2023年は前年度比170％の売上となりました。

6 女性の一生はスプーン一杯の女性ホルモンに支配される

❖さまざまなスパンでやってくるホルモンの変化

女性の体内のホルモン環境は、激しい波のように常に変化しています。

毎月起こる月経周期で繰り返されるホルモン変動の「小さな波」とは別に、一生のうちでも分泌量が大きくカーブを描くように変わる「大きな波」があり、女性の体調はその波によって支配されると言っても過言ではありません。

「大きな波」に関係している女性ホルモンは、エストロゲンです。

エストロゲンは、12歳前後で初潮を迎えてから成人に至るまで、急激な右肩上がりのカーブで最も多く分泌され、月経困難症など、月経に伴う体調不良が始まります。

以降、妊娠しやすい40歳頃まで緩やかなカーブで分泌量が減っていきますが、そこを過ぎて急激に分泌が減る50歳前後の約10年間がいわゆる更年期。ホットフラッシュ（急な発汗）やめまいなどの症状に悩まされます。

その後閉経を迎え、エストロゲンがほとんど分泌されなくなると、今度はコレステロール値が上がる脂質異常症や、骨粗しょう症などの疾患が起こりやすくなります。

このエストロゲンの大きな波によって女性の体調は常に変化し、特に更年期のあまりに辛い症状を病院で受診すると、ホルモン補充療法を勧められる人も少なくありません。

❖麹菌発酵大豆イソフラボンで、エストロゲンの働きを

しかし、加齢によりエストロゲンの分泌が減っていく体に対し、外から人工的にホルモンを補充するという考え方は西洋医学的で、不自然なのではないかと私は思います。

そこで当社の「TUMUYUI」シリーズの一つ「月のめぐみ」には、ホルモンの波に翻弄される女性のコンディションをサポートする麹菌発酵大豆イソフラボンを入れています。

イソフラボンは大豆に含まれるポリフェノールで、体の中でエストロゲンと同じような働きをします。

化学的につくられた女性ホルモンを補充すると、がんの発症リスクが高まる可能性があるため、定期的に検査を受ける必要がありますが、この麹菌発酵大豆イソフラボンならそのような心配はいりません。

7 一ヵ月の自分の周期を知る

❖代表的な「PMS」など、一ヵ月の中でも体調が変化

女性ホルモンの変化で起こる不調でよく知られているのは「PMS（月経前症候群）」です。月経前の数日間、体と心は安定せず、さまざまな不調を感じます。

こうした女性ホルモンの一ヵ月の変化による、心身の状態を知ることで「今はこの時期だから不調なんだな」などと、自分で理解することができます。

各時期のエストロゲン（卵胞ホルモン）、プロゲステロン（黄体ホルモン）という二種類のホルモン分泌量の増減をグラフ化したので、各々に伴う心身の好調・不調を簡単に説明していきます。

月経期　**月経開始1～7日目**

二種類とも女性ホルモンの分泌量が最も低く、人によっては月経痛やむくみなど辛い症状に見舞われる時期。

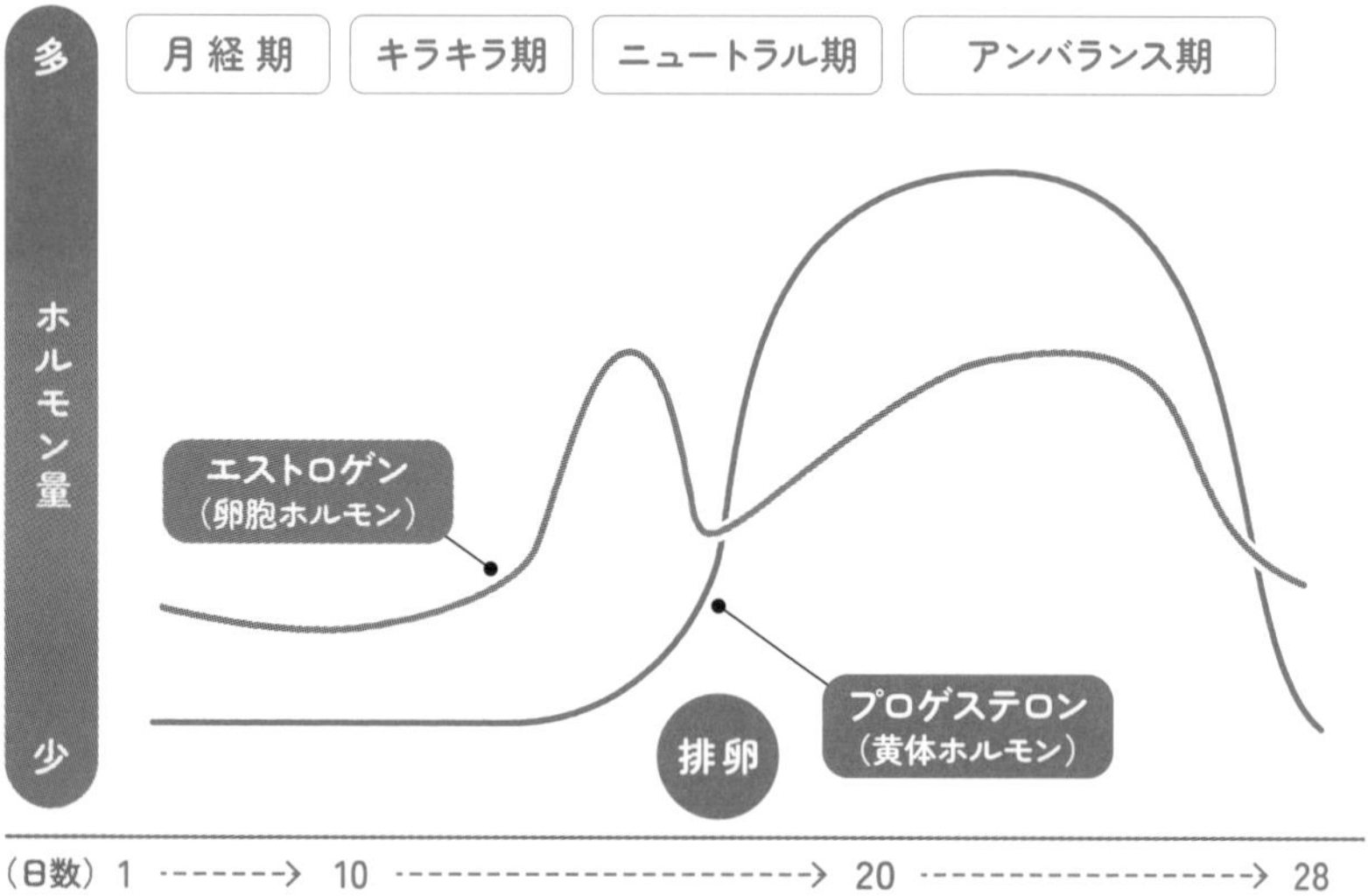

基礎体温は低温相に入り、冷えやすく、血行が悪くなる。潤いをキープする皮脂が少なくなるため肌が乾燥しやすい。代謝が悪いのでダイエットをしても効果が出にくい。無理をせず、ゆったりとリラックスして過ごしたい時期。

キラキラ期　**月経開始8～14日目**

エストロゲンが増え、最も多く分泌される時期。低温相のままだが月経期に現れていたむくみも次第におさまり、肌が潤い、髪にツヤが出て、1カ月の中で女性として最も美しくなる時期。

ニュートラル期　**月経開始15～21日目**

排卵日を境に基礎体温が低温相から高温相に切り替わる。体も心も落ち着き、穏やかに過ごしやすい時期。

アンバランス期　**月経開始22～28日目（生理前）**

排卵直後から増える、妊娠の準備のためのプロゲステロンが多く分泌される時期。基礎体温は高温相を維持し、受精卵が着床しやすいよう子宮内膜を安定させ、乳腺を発達させる。イライラや便秘、吹き出物など、心身のトラブルが起こりやすい、ＰＭＳに当たる時期。

近年、月経に伴う心身の不調な時期に、低用量ピルなどで女性ホルモンを調整する傾向がありますが、若い年齢のうちから化学的なホルモン剤を利用すると、女性ホルモンを自分で作りだしづらい体になり、将来不妊のリスクが高まるのではないかと心配です。特に低用量ピルは病院に行かなくても、ネットで簡単に買えるので問題だと感じています。

すぐに薬に頼るのではなく、自分の体が本来持っているはずの機能、力を働かせるサポートをしてあげてほしいです。安全性が確認されているサプリメントなどで毎月の体調を穏やかにととのえてください。

ただし、月経時に尋常でない大量出血や痛みがあるなど、重篤な症状が出る場合は、子宮や卵巣の病気が隠れている場合があるので、速やかに婦人科を受診してくださいね。

8 現代女性は低体温化している？

体温は自律神経とホルモンバランスによって保たれていますが、現代の女性は昔より約1度下がっていると言われています。体温が1度下がると免疫力は30％落ちるそうで、理想的な体温は36・5〜37・2度です。

低体温はめまい、頭痛、イライラ、肌荒れ、便秘など、さまざまな不調につながります。特に下腹が冷えた状態だと子宮や卵巣の血の巡りが悪くなり、月経不順にもつながります。不妊やがんのリスクが高まるなどの心配も起こってきます。

❖適正な体温にするには

低体温の方は、まず体温を適正な数値まで上げることを目標にしてください。

体を温める根菜類や発酵食品を積極的に食べ、飲み物は温かいものを、朝食はしっかりと食べ、食事抜きダイエットなどは決してしないでください。

お風呂はシャワーだけでなく、浴槽にゆっくり浸かるようにしましょう。最近のサウナの流行は体温を上げるためにとても良いことだと感じています。また、筋肉量が増えると血流が上がるので、適度な運動もしましょう。

9 腸内環境は全身の健康に関係する

❖発酵食品による「菌活」のススメ

東洋医学の治療で最も重視するのは、胃腸の働き具合です。五臓である肝・心・脾・肺・腎の全てに影響を与えるのは脾、胃腸のことです。脾は食べ物を消化吸収し、生命エネルギーを支える存在なのです。

腸内菌は約千種類、百兆個、重さにすると1〜2kgにもなると言われています。腸内菌の理想的なバランスは、善玉菌2割、悪玉菌1割、優勢な方につく日和見菌が7割程度です。

日和見菌が善玉菌を応援してくれるためにも、腸内環境にとって良い食べ物を取り入れ、善玉菌優勢の腸を目指しましょう。

体に良い働きをする菌を積極的に摂り入れる「菌活」がお勧めです。腸で良い働きをしてくれる細菌や酵母のことを指す「プロバイオティクス」が含まれているのが発酵食品です。

日本には昔から食べられてきた味噌、納豆、ぬか漬けなど、優れた発酵食品が多くあります。キムチや甘酒、ヨーグルト、乳酸菌飲料なども良いですね。

キノコや海藻類などの食物繊維は腸内の善玉菌のエサになるので、積極的に食べましょう。

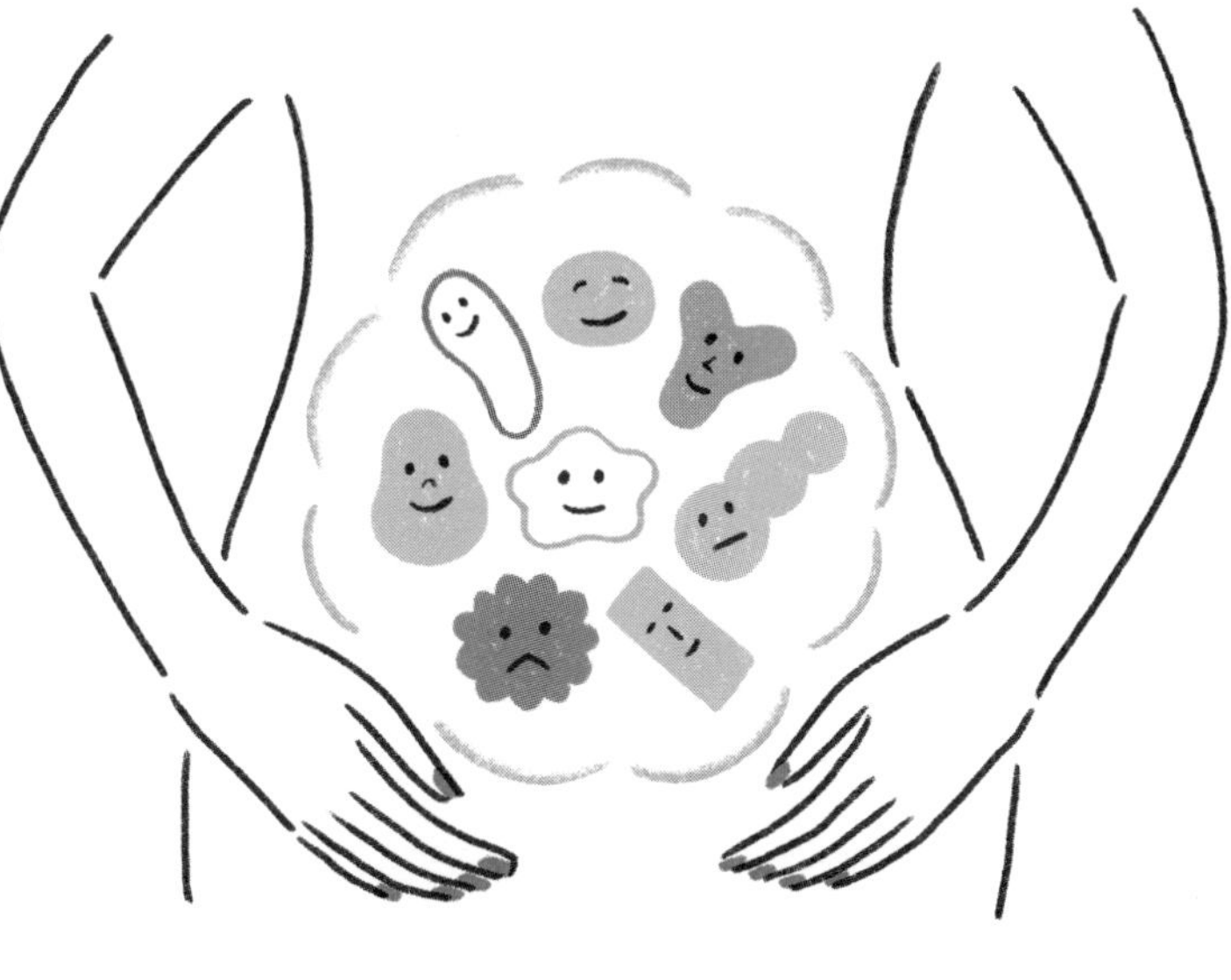

逆に炭水化物や砂糖を過剰に摂取すると、腸内環境が悪くなります。砂糖の入ったスイーツを食べたい時は、真っ白に精製された砂糖ではなく、黒糖など精製されていない砂糖を使ったものを選びましょう。

10 「ドベネックの桶」を知っていますか？

❖現代版栄養失調に要注意

「ドベネックの桶」という言葉をご存じでしょうか？

ドイツの化学者リービッヒが「植物の生長度合いは与えられる量の最も少ない養分に影響され、他の要素が幾ら多くても影響しない」という説を提唱し、この理論を分かりやすく説明するものとして、同じドイツ人のドベネックが考えた図が「ドベネックの桶」です。

図の通り、植物に必要な物質の量が桶の板で表され、その中の水に例えて説明したものです。桶の中の水は板の一番短い部分から流れ出してしまいますね。

この例えから人間においても、いくら特定の栄養素をたくさん摂取しても、足りない栄養素があるとそれが全体の足を引っ張ると考えることができます。つまり、バランスが非常に大切なのです。

❖マスメディアに踊らされ、サラダチキンにジムでプロテイン……

現代はコンビニやデリバリーアプリなどの便利な存在のおかげで、いつでも自分の好きなものを食べられる環境にあります。

ダイエットに糖質はダメ、タンパク質が良いと言われればサラダ

ドベネックの桶

チキンを買い、ジムでエクササイズの後はプロテインを飲む。でも、ビタミンB_6、B_2、Cや糖質なども一緒にとらないと、タンパク質はきちんと吸収されず、せっかくとった栄養がきちんと機能しません。

マスメディアは時のブームの情報を盛んに流し、企業は自社製品を売ろうと、あの手この手でPRします。メディアの情報の正誤を深く考えずに、誰かが良いと言ったもの、自分の好きなものばかり食べていると食生活は偏り、カロリーは足りていても現代版栄養失調と言える危険な状態に体がなっているかもしれません。

食事は同じものばかりでなく栄養素やミネラルなどの配分を考えて、バランスよく食べましょう。青魚、発酵食品、キノコなどの食物繊維を積極的に取り入れることをお勧めします。

11 ハンバーガー⬇パスタ⬇ピザのスパイラルに陥っていない？

❖小麦、グルテンばかりでなく、お米を食べよう

食生活の欧米化に伴い昨今の若い人は、とかく洋食が多いのではないでしょうか。

街角にたくさんお店があって手軽に食べられるため、ファストフード店でハンバーガー、コンビニやカフェでサンドイッチ、イタリアンでパスタやピザ。片手で、あるいは一皿でパパッと食べられる便利さも手伝い、頻繁に利用する人も少なくないでしょう。

でも、そうした食事は炭水化物や脂質過多になりがちで、バランスよく栄養を取り入れるのが難しいです。

パンやパスタばかりではなく、ぜひお米、特に玄米を食べてみてください。少し前までの日本では、おじいちゃんおばあちゃんと同居する三世代家族が多く、ご飯とお味噌汁、煮物にぬか漬け、タンパク源となる主菜という昔ながらの和食が日常の食卓だったと思います。

しかし核家族化が進み、一人世帯や二人世帯の多い昨今では、毎日手づくりの和食を用意するのが面倒で、パンや麺類など単品で済ませる人も多いでしょう。

毎日は難しくても、栄養素がバランスよく満たされる和食の良さを思い出し、日常の食事に取り入れてほしいと思います。

12 娘は反抗期、私は更年期だった時期

❖きれいな肌でウェディングドレスを着るために

生まれてすぐにアトピーに悩まされていた長女の肌も、食べるもの、身につけるものを見直したことや、中学時代から飲み始めたユーグレナサプリなどが功を奏し、体質が改善され、随分良くなっていきました。

便秘も解消され、腸内環境も良くなってきたのだと思います。

ただ、年齢を重ねて成長していく段階で、家庭での食事だけでなく、友達と外で好きなものを食べるようになります。外食もするし、コンビニのパンを食べる時もあるでしょう。

そうやって油断をすると、やはり首回りが赤くなるなどの肌トラブルが出現します。

長女が高校生の頃は反抗期で、ちょうど私の更年期と重なりました。自分では見えない女性ホルモンの増減に、それぞれ翻弄される娘と私。自分の心身に何が起こっているのか戸惑う中、今まで気にならなかったお互いの態度にイライラしたり、怒りを覚えたり、ストレスから激しくぶつかることもしょっちゅうでした。

そんな長女も25歳。だいぶ改善されたとはいえ、首や肘などのアトピー後の黒ずみを見るたび「きれいな肌で生んであげられなくてごめんね」という申し訳ない気持ちになります。

女の子はウェディングドレスを着る時、できるだけきれいな肌、自分でありたいと思うでしょう。

これを読んでくださっている皆さんにも、今の生活が自分の未来のみならず、いずれ生む子どもの体や未来にも影響する可能性があるかもしれません。

どうか私のような後悔をしないように、正しい知識のもと、自分の体を丁寧に扱ってあげてほしいと思います。

Chapter 4

仕事が忙しくても、ママとしてこれだけは守りたい

働きながらの子育ては悩みが多いもの。仕事への責任感の強い人ほど、どこまで子どものために時間を使うべきか、迷うでしょう。この章では、時間に追われるワーキングマザーに、これだけは子どものために努力してほしいと思うことをお伝えします。そして、働く女性としてだけでなく、家庭人としても幸せに生きていきたい。家族とどう向き合えば、温かい家庭が育つのか、私自身が経験の中から見つけたヒントを書いています。

1 優先順位を間違えない！

❖欠かしたことがなかった「参観日」

仕事と家庭を両立してきた私が決めていたのは「優先順位の一番上に子どもをおく」ことでした。

子育てをしながら働き、キャリアを積もうとしている女性はこの優先順位が曖昧になりがちです。仕事に熱心になるあまり、時に子どもを犠牲にしてしまうのです。

仕事も子育ても諦めない生き方を好きで選んだのだから、自分のことよりも子どものことを優先すべき。これは私の譲れない信条でした。

例えば仕事で帰宅やお迎えが遅くなる時、子どもに我慢をさせるのではなく、親やシッターさんにお願いするなど、子どもが寂しくない環境づくりを工夫する。そうすれば子どもは「ママは私のことをちゃんと考えてくれてるんだな」と安心します。

子どもが「自分を一番に考えてくれている」と実感するシーンはいく

つかあると思います。

例えば、私は学校などの行事には、参加を欠かしませんでした。保育園から学校まで、運動会や授業参観など、どうにか工夫をしてとにかく参加をする。

自分の子ども時代を振り返っても、参観日に親が来てくれるのは嬉しいものです。教室で振り返ると後ろでママがニコニコして立っている。「ちゃんと来てくれた！」何という安心感でしょう。

でも残念ながら、ママたちの参加率は高くありません。小学校三年生ぐらいから、参加率は3分の1ぐらいに減ってしまい、六年生

になると一割程度のママしか来ていません。きっと仕事を休めないのでしょう。私以外、来ているのは専業主婦の方ばかりでした。

そんな体験から、当社では一時間単位で有休を取れるよう制度化しています。仕事を二時間抜けて、授業参観に出ることもできるように。

❖「あなたが私の中の最優先」を子どもは感じ取る

子どもは自分が親に大切にされているか、最優先で考えてくれているかを敏感に感じ取ります。

小さい頃はしっかり抱きしめてあげて、ぜひスキンシップを大事に子育てをしてあげてください。少し照れくさいかもしれませんが、「〇〇ちゃん大好き」「ママの宝物よ」と言葉に出して言ってあげましょう。ことあるごとに、あえて意識して、お子さんに愛情を表現してみてください。

うちの長女は25歳、次女は18歳になりますが、子どもの頃と同じように、今でも私と一緒にお風呂に入ります。お風呂は狭い空間でリラックスするので、会話も弾みます。

娘たちはパパのことも大好きで、町を歩く時に腕を組むなど、とても仲良しです。小さい時からスキンシップを大事に育てたので、今でもパパにくっつくことに違和感がないようです。

2 食事は愛を伝える時間

❖ママの手料理は子どもの心身の栄養になる

子どもが「ママは自分を一番に考えてくれている」と感じる最も大切なシーンが、食事の時間です。

仕事を持ちながら手料理をつくるのは大変です。「映える」美味しいご馳走を毎日つくるだなんて、100％立派なお母さんを演じるのは無理でしょう。

手の込んだ料理でなくても、全部手づくりでなくてもいいのです。できる範囲で基本的には手づくりし、出来合いのお惣菜などを上手に活用しながら、栄養バランスの良い食卓を目指したいものです。

先述しましたが、仕事で忙しかった私は、手の込んだ料理ができない代わりに、知恵を絞りました。週末に野菜を大量にカットして茹でおきし、毎夕帰ってから別メニューにアレンジするのです。同じ作業をまとめてしておくことで時間短縮しながら、違う手料理を出すことができます。

我が家は特に女の子二人なので、緑や赤など彩り豊かな野菜を添えると「わー、きれい」「美味しそう」と喜んで食べてくれました。そんな食卓でのちょっとした感動が、子どもの成長にはとても大事だと思います。

また、仕事で遅くなり、帰宅が子どもの夕飯に間に合わない時もあるでしょう。そんな時は、夕飯を用意しておき、食卓にメモを添えるようにしました。「今日も一日学校頑張ったね」など、ちょっとほっこりするイラスト付きの一言メモで「ママはあなたのことを忘れてないよ」と伝えます。あるいは、お弁当にひと工夫。ご飯の上に海苔で子どもの名前を描いて載せるのです。どちらも5分あればできます。

とあるママの子育てで、悲しい話を聞いたことがあります。忙しくて余裕がなかったのでしょう。夕食は毎日、お子さんに「コンビニで好きなものを買いなさい」とお金を渡していたのだそうです。結果、お子さんは拒食症に。お子さんを育てるために頑張って働いていたのに、母子共に望まない結果になってしまうと、悔やんでも悔やみきれません。

食事は心身に大きな影響を与えます。一日30分でいい。お子さんのための食卓に時間を使い「あなたが一番大切だよ」と伝えてあげてほしいです。

❖テーブルにはスマホを載せないで

ワーキングマザーは自宅に帰っても仕事が気になります。そこでついやってしまいがちなのが、食事しながらのスマホの操作です。

他人様の前ではやらないことも、甘えられる家族の食事の場では、調べものやメール、SNSのチェック、返信など……。

でも、食事の場は家族で一緒に過ごせる貴重な時間です。子どもが話したい時に耳を傾けてあげられるように、食べている時にはテーブルにスマホを置かないぐらいのつもりで、子ども優先を心がけましょう。

同様に、外食していても気になることがあります。

ママ友ランチ会なのでしょうか。それぞれのお子さんにタブレットを見せて、ママたちはお喋りに夢中になっている光景を見かけます。

あるいは家族での外食で、それぞれがタブレットを見ていることも。お子さんが退屈しないので便利なのかもしれませんが、小さい時にそうした習慣をつけてしまうと、中学、高校と成長する段階で、親との会話がなくなってしまいます。

食事の場は子どもの成長に欠かせない栄養を与えると同時に、家族のコミュニケーションの場です。何気ない会話から、子どもの悩みや変化を感じ取れることもあるかもしれません。家族で囲む食卓は楽しくて温かいもの、と子どもが思えるよう、気を配ってあげてください。

3 パパの悪口は絶対NG

❖家族でも互いへの感謝を忘れずに

家庭内、家族間のコミュニケーションで、ママに絶対にやってほしくないことがあります。ズバリ、パパの悪口です。

子どもにとって社会で一番安心できる場所は、家庭の中です。その家庭の中でのパパとママの良好な関係は、子どもが精神的に安定して育つために、とても重要です。

後に詳しく書きますが、私の両親は激しい喧嘩が多く、離婚届の紙を何度見たことでしょう。我が家は、私はどうなってしまうのだろうと、子どもながらとても不安でした。

つまり私自身が育った家庭は安定していなかったのです。でもその実体験があったからこそ、私は自分の子どもたちに安心できる環境をつくってあげたいと努力してきました。子どもには寂しい、悲しい、辛い思いをさせたくなかったのです。

夫婦でいれば、お互いにカチンとくることもあるでしょう。でもその時の気分で、言いやすいからとパパの悪口を子どもに言ってしまうのは、グッとこらえてください。子どもにとって大好きなママから、大好きなパパの悪口を聞かされるのは悲しいものです。

あるいは子どもが、パパの悪口を言ってくることがあるかもしれません。そんな時は、ぜひ「パパは今は忙しい時期だから、わかってあげようね」などと、フォローをしてあげてください。

私は外食をした時など、例えば私が会計しても、子どもたちには「パパにご馳走さまって言おうね」と言って育てました。家族でも互いへの感謝を忘れないことを伝え、人に感謝のできる人間に育ってほしいからです。それには身内に対する感謝の気持ちがベースになると思います。

パパを悪く言うことが日常化してしまうと、いつの間にか娘が思春期に「パパの靴下と一緒に洗濯しないで」などと毛嫌いするようになりかねません。できるだけハッピーな言葉を使って、互いへのリスペクトのある家庭を目指したいものです。

4

親とは「木の上に立って見る」存在

❖自分で人生を切り拓ける人に育てる

子どもに対して「あなたが一番大事」というメッセージを履き違え、時に「過干渉」になる親御さんがいますが、これは要注意です。１００％子ども中心の生活で、親が先回りして子どもの行き先のレールを敷いてしまうのです。

以前、保育園で見かけた光景があります。親子で参加するお絵描き会の時のこと。自分の子に、クレヨンの色を選んで渡しているママがいました。自分の理想の姿に育てようと「これはこうしなさい」「あれはしたらダメ」と、子どもが行動する前に手を出し口を出す。

こんな風に育てられたら、言われたことしかできない大人になってしまいます。過干渉なママはえてして、自分の子どもを他の子どもと比べ、劣っていると焦るのです。

「親」という漢字は、木の上に立って見る、と書きます。親は子どもに手を貸し過ぎず、ずっと上からそっと見ていてあげる存在でありたいものです。

子どもが自分で人生を切り拓いていける、たくましい人間に育つよう寄り添うのが、親の本来の役目なのではないでしょうか。

5 「幸せになるために」働いているはず

❖目的を間違えると家族がバラバラに……

忙しい毎日を送っていると、そもそも何のために生きているのかを忘れてしまうことがあります。

人は幸せになるために生きているはずです。幸せになるために仕事をしたり、子育てをすることを選んだりしているのではないでしょうか。

でもその大事な目的を忘れて、目的と手段が逆になり、仕事優先で家庭を犠牲ばかりにしていると、いつしか家族がバラバラに……という悲しい顛末になりかねません。

女性として、ママとして幸せでいるために、ワーキングマザーであっても、この目的と優先順位を間違えなければ、子どもはきっと見ていてくれるはずです。

頑張り過ぎなくていい。時にはずっこけることも、間違えることもある。そんなママだけど、一生懸命働きながら、私を一番に考えてくれている。どうか、そんな思いが伝わる子育て、働き方、生き方で、幸せな家庭を紡いでいってください。

Chapter 5

家族、親族、ママ友……人間関係に悩んでいます

共に暮らす家族、義理家族、そしてママ友など、人間関係を良好に保ち続けるのは意外と難しいものです。時にトラブルに発展し、ストレスや悩みの種になることも。身近な人たちとどう付き合い、接すれば、衝突せずにできるだけ気持ち良い人間関係をつくれるのか。仕事人、家庭人として生きる中で私が学んだ方法や心構えをお伝えします。

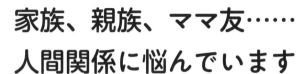

1

ママ友との付き合い方

❖そのランチ会、本当に行きたいの？

子育てをする生活に付き物なのが、ママ友とのお付き合いです。ママ友同士でグループができて、ＳＮＳやメールのやりとり、ランチ会をすることもあるでしょう。

ある若いママからこんな相談を受けたことがあります。

「ママ友グループのランチ会に、私だけ誘われなかったんです」

「そのランチ会に行きたかったの？」と私は尋ねました。

「いえ、別に行きたいわけじゃないんですけど」

「じゃあいいじゃん。そのグループに執着しなくても」

「でも、誘われなかったってことは、子どもが仲間外れにされてるんじゃないかと心配で」

「たとえそうだとしても、ママがクヨクヨしていたらいけないよ。ママこそ堂々としてなきゃ。一緒のクラスにいるのはどうせあと数年でしょう。ママたちといつもつるむ必要はないんじゃない？」

不安がるママに、私はこんな風にアドバイスをしました。

誘われない理由を過度に心配し、大して行きたくもないランチ会に行かねばと思うのは、本末転倒です。大事なのは、そのママ友たちと付き合いたいかどうかです。

大人であり、親になったのですから「みんな一緒」から卒業しましょう。そして、誰かの悪口を言うような人とは距離を置きましょう。

2 子どもが不登校になったら？

❖あれこれ聞き出さず、子どもを信用して

ここ数年、小中学校でのいじめの件数や不登校者の数が増え続けています。文部科学省によれば、2022年度の不登校者は30万人に迫る数で、残念なことに、いじめ件数と共に過去最多です。

他人事ではないいじめや不登校の問題ですが、もしも自分の子どもが

「学校に行きたくない」と言ったら、親としてどうすればいいのでしょうか。

実は私の娘もある時、学校で友達との小さなトラブルを抱えたようで、その友達のママが、我が家に「あなたの娘さんに意地悪されている」と言いに来たことがありました。

私はそのママに「親は介入せず、子どもに任せましょうよ」と言いました。実態はその逆だったということが後からわかったのですが、当時私からは娘に何も聞きませんでした。子どもが自分から話さない限り、無理に聞き出したり、「こうしろ」「ああしろ」と指示することもしませんでした。

子どもを信用し、話を始めたらじっと聞いてあげる。親にはそうした態度が必要なのではないでしょうか。

不登校の理由は、学校での人間関係、無気力、学業不振などの他に、家族関係や家庭環境、生活リズムの乱れなど、家庭内にも原因があると言われます。

私の考えでは、家庭内が原因の場合には二通りのパターンがあると思っています。

❶親から愛情を十分に受けられず、寂しくて夜中までゲームや長電話などに夢中になり、昼夜逆転して朝起きられない

❷親が立派過ぎる。自分ができたことを子どもにもできるはずだと押しつけ、子どもが自信をなくす

親として、子どもを犠牲にしていることがないか、十分に注意が必要です。

❖ママはバカみたいに笑っていよう

不登校の原因はさまざまですが、せめて家庭内では、親として子供にできる限りのことをしてあげたいものです。「あなたは大切な存在なんだよ」と伝わるように。しっかり愛情を注ぎ、抱きしめて育てる。

そして、ママは明るく笑っていることを忘れずに。ママが明るいと、家の中が明るくなります。

バカみたいと言われるぐらい、笑顔を絶やさずに家族と接する。そんな家庭なら、子どもの内面は安定し、精神的にも健康に育つのではないでしょうか。

3

やっかいな人は自分を磨いてくれるためにいる

❖人間関係は気持ちの切り替え方次第

私たちは社会の中で、多くの人たちと接しながら生きています。自分の家族、親族、ママ友、仕事で出会う人たちなど、場面ごとに

さまざまな人間関係が生じます。

そして不思議なことに、どんな場面でも、中に必ず「やっかいな人」というのがいます。「やっかいな人」は予期せず現れ、しかも一人ではないので、避けることはほぼ不可能です。それなら、自分の考え方を変えて対処するしかありません。

社会人として働く中で、ある時私は年上の先輩から「やっかいな人は『磨き粉』の役をしてくれてるんだよ」と教わったことがありました。

どこにでもいる、イヤな人。行く手を阻んだり、陰で悪口を言ったり、あからさまに意地悪をしたり、そんな人に出会ったら「この人は私自身を磨いてくれるためにいるんだ」と思えばいいのだと。

そんな人に傷つくようなことを言われたら、気持ちをサッと切り替える。「生きていれば良いことも、悪いこともある。悪いことが起きた時は、私自身が成長できるチャンスなんだ。この人は、私が寛容になる練習をさせてくれているんだ」と考え、やっかいな人との人間関係にさえ、意味を持たせると良いのだと、先輩は教えてくれました。

❖「ありがとう」「ごめんね」をクッション材として使おう

人間関係で衝突が起こりそうになった時でも、私は「ありがとう」「ごめんね」を使っている限り、揉め事は避けられると思っています。

謝るのは自分の非を認めるようで「ごめんね」と言えない人がいますが、私はまず、相手の気持ちを受け止める言葉として「ごめんね」を使います。その後で、起こったことの説明や理由を話すのです。

つまり、説明の前のクッション材として「ごめんね」を使い、相手の気持ちを和らげて、心を開いてもらうのです。

例えば、イヤな上司がいる職場の環境もいつかは変わります。そんな上司も今は何かの気づきのために存在してるんだな、とポジティブに捉える。柔軟な考え方を習慣づけることによって、気持ちがラクになります。

4 義理家族とどう向き合うか

❖姑に否定されても人生終わりなわけじゃない

義理家族、つまり夫の親族との付き合いも、難しい人間関係の一つだと思います。

代表的なのは姑との関係でしょう。私も相談を受けることが多いテーマですが、お嫁さんとしては姑に何か言われると、自分が否定されたと思ってしまうことがあるようです。

特に子離れしていない姑はやっかいです。可愛い息子のことがまだまだ気になって仕方ないから、自分の物差しにあてはめて何かと干渉してきます。幸い私の夫の母はそういうタイプではないのですが、世の中には子離れできていないお姑さんが多いようです。

そんな姑と、真正面から対決するのは得策ではありません。「自分の夫を育ててくれた人」と思って、上手にふるまいましょう。

あなたが大人になり「パパが大好きな料理、作ってください！」などと甘えましょう。「こう言われた」「ああ言われた」と、いちいち真面目に受け止めず、聞いているフリをして「まあ、いっか」と聞き流しましょう。

考え方が違っても、ムキになって相手をはね返したり、裁いたりしないこと。こちらが対決姿勢で臨めば、裁き合いになってしまいます。一緒に住んでいるわけでもない限り、何事が起きても、風に揺れる柳の枝のようにしなやかに受け流しましょう。

5 私自身の子ども時代、親との確執

❖自由奔放な母から学んだ「生きる」ということ

ここで少し、私が育った家庭の話をしたいと思います。

私が、働くママでも子どものことを最優先に、子どもにとって安心できる環境をつくるべき、と考えるのは、自分が育った家庭内が不安定だったという過去の経験があるからです。

今はおばあちゃんになった母ですが、若い頃は外で働く、自由奔放な美しい人でした。

そんな母の姿をよそのお母さんと比べ、子ども心に私は、100％とは言わないけれど、50％くらいは家庭人であってほしいと思っていまし

た。私が小学二年生までは、母は料理をきちんと作り、学校行事にも参加してくれて、兄と私のことを大事に考えてくれていたように思います。

しかし、私が小学三年生になった頃から、母は90％外の人、という感じだったのです。

お店をやっていたこともあり、子どもを置いて旅行に出かけたり、私が朝起きても母が帰っていなかったり、そんな日が増えました。朝、母の部屋に行き「昨夜も帰らなかったんだ」とわかると、ぞっとする寂しさを感じたものです。

父はメーカー勤務のサラリーマ

ンだったので、そんな母を許せなかったのでしょう。時には激しい夫婦喧嘩になり、掴み合って窓ガラスが飛び散るような場面もあって、子どもの私は生きた心地がしませんでした。

当時住んでいた社宅には同級生もいましたから、翌朝登校すると「昨日も派手やったね」と声を掛けられることもありましたが、私はそんな経験をしたからこそ、強くなっていったのだと思います。

❖思考を変えれば未来を変えられる

そんな風に「外の人」であった母でしたが、小学二年生まではしっかり抱きしめて育ててくれたことや、おじいちゃんとおばあちゃんが近くに住んでいたことなどから、私は幸い、グレるようなことはありませんでした。母がいない日は、私が5歳上の兄にご飯やお弁当を作ることもありました。

父が子ども思いだったことも幸いでした。夏と冬に会社の保養所に連れて行ってくれたり、時々サプライズで兄や私を楽しませてくれたりするような父でした。

ある時「電車に乗って床屋に行くぞ」というので着いて行くと、着いた先は動物園でした。またある時は、継ぎはぎの風呂敷に包まれた大きな物体を私の前に置き、私が風呂敷を取ると、子ども用の自転車だったこともありました。「なあに、これ？」と聞く私に父は「奈穂子の自転車だ」と、父なりに工夫して、サプライズで喜ばせようとしてくれていたのです。

また、長屋のような社宅のご近所付き合いも、温かいものでした。同じくらいの年の子の家にお風呂に入りに行ったり、向かいのおばちゃんがみかんをむいて食べさせてくれたり、皆に親切にされて育ちました。

そんな風に暮らし、やがて小学校高学年になった頃、私は子どもながら、ある達観の境地に至ったのでしょうか。「母は、一人の人間であり女性であり、母でもある。一人の人間が何役もやっているのだから、母は100％自分というものを謳歌して、後悔がないように生きるのが一番いいのではないか」と考えるようになったのです。

家族であっても相手を尊重することが大切なのだ。そんな風に気持ちを切り替えて事態を受け止めようと、私は自分に言い聞かせたのだと思います。

中学に進学すると、当時住んでいた北九州市の学校には不良がたくさんいました。それぞれが複雑な家庭環境を抱えていたのでしょう。タバコやお酒、中にはシンナーを吸うような子もいましたが、私は「親や環境のせいにしても仕方ない。私自身がしっかりしよう」と思いました。

そんな子どもの頃の経験から私は「思考を変えれば、未来は変えられる」ことを知ったのです。

傷つくような体験を、真正面から受け止め続けていては、自分が潰れてしまいます。だったら捉え方を変えてみよう。それは私が子どもの頃に身につけた、生きる知恵だったのでしょう。

辛く大変な時期や事象も、時間が経てば変化する。そう学んだおかげで、経営者となった今も多少なことではうろたえない人間になれた気がします。

6 家族は最終的に許さないとやっていけない

❖老いていく母の姿に人生の儚さを見る

若い頃、瀬戸内寂聴さんのように自由奔放な生き方をした時期もあった母でしたが、私が結婚すると、働きながらの子育てをずいぶん助けてくれました。

母は今、一人暮らしをしていますが、やはり年相応に老いてきているので、手助けが必要な時には私が様子を見に行っています。

二ヵ月に一度、旅行や食事に誘って連れて行きますが、足腰が弱っているため、私が母の手を引いて歩くことも。母が「昔はあなたの手を引いて歩いていたのに、今は私が手を引いてもらっているのね」と言う姿に、嬉しいような寂しいような気持ちになります。

あんなに元気に人生を謳歌していた母も、こうやって枯れていくのか。記憶の中の母のようにしっかりしてほしいという私の願望と、老いた母という現実とのギャップに、人生の儚さを見せられているようで、人が生きることの意味を教わっている気がします。

そんな老いていく姿に、私は自由奔放だった頃の母を許すと共に、もしかしていまだに母を求め、恋しく思っているのかもしれません。

当たり前のことなのですが、母を見ていると、人は誰でも死に向かって歩いていくのだと、思わされます。

人の一生はほんの一瞬。誰もが結局は死ぬことが運命づけられている、儚いいのちを生きているのだと思うと、一時的な家族の確執も、きっと許せるのではないでしょうか。

Chapter 6

いつも明るくいられるメンタルケアのコツを教えてほしいです

人生の最初から終わりまで、常に順風満帆な人はいません。どんなに成功している人も、見えない、語らないところで困難や挫折を経験しています。望まないアクシデントに遭った時、幸か不幸かを決めるのは起こった出来事をどう評価するかという自分の「心の持ちよう」です。凹む環境でも肥やしに変える「捉え方」のコツを身につけましょう。

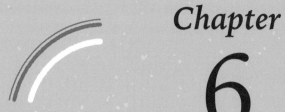

1

物事は全て「捉え方」次第

❖嫌なことが起きても捉え方の違いで結果が変わる

前章で、誰の人生にも「やっかいな人」は現れる、そんな時には気持ちの切り替えが大事と書きましたが、嫌なことやアクシデントも同様に、誰もが経験することです。

望まないアクシデント、嫌なことが起こった時には、ぜひ「捉え方」を工夫してみてください。捉え方の違いで、望まないアクシデントも「大したことではない」と感じられたり「かえって助かった」と思えたりするものです。

例えば、道を間違えて遠回りしてしまったとしましょう。

Aさんは「遠回りして時間を無駄にした」「また間違えた。私はなんてダメなんだろう」と捉えたとすると、嫌なアクシデント、失敗の体験をしたことになります。

一方、Bさんは「遠回りしたおかげで別の道を知ることができた」「新しい景色に出会えた」と捉えたとすると、プラスの体験をしたことになります。

同じ「道を間違えて遠回りした」体験が、ポジティブに捉えるかネガティブに捉えるかで、全く逆の結果、体験、意味になるのです。

❖新車購入後二週間で事故に遭って思ったこと

私が経験したアクシデントの話をしましょう。

以前、せっかく納品された新車を、二週間後にぶつけられてしまったことがありました。

幸い、軽い事故でケガなどもなかったので、私は「これぐらいで済んでよかった」と、ＳＮＳに写真と共に投稿しました。すると「石川さんらしい捉え方ですね！」とコメントをくださった方がいらっしゃったのです。

私は「これからも車に乗る時には、事故にならないように気をつけなさい」という神様からのメッセージだと、心から思った出来事でした。

これは一例ですが、不慮のアクシデントに見舞われた時にこそ「気づき、きっかけが与えられた」と捉えることで、プラスの出来事に変換できるのではないでしょうか。

2 彼氏にフラれる、ひどい上司……凹む環境を肥やしに変える

❖誰の人生にも必ず訪れる困難な時期

当たり前のことですが、生きていれば、良いことも悪いことも起こります。優秀で順風満帆に見える人だって、表に出さないだけで、他者に見えないところで悩み、挫折という困難な局面を経験しているはずです。

それは著名なスポーツ選手や世界的に有名な俳優さんなどでも同様で、彼らもそうした困難を乗り越え、人一倍努力しているのでしょう。

永遠に続くかのように思える暗い夜も必ず明けて、また明るい朝が来る、という真理は、東洋医学の陰陽の考え方にも通じます。

潮の満ち引きと同様に、人生にも満ち引きがある。潮が引いたような

困難な時でも焦らず、潮と同じくやがて必ず満ちてくるから、それまでケセラセラで頑張ろう、と自分を励ましましょう。

凹む場面、環境というのは次々に現れます。

例えばひどい上司の部下になってしまう時期もあるでしょう。嫌味を言われてオフィスのトイレで泣く、などということもあるかもしれません。そんな時は「自分が人の上に立つ人間になった時の反面教師にしよう」と発想を転換しましょう。

または、大好きだった彼氏にフラれるなんてこともあるでしょう。目の前が真っ暗になると思います。そんな時は「ご先祖様が、この先もっと良い人に会わせてくれる。だから彼は去ったんだ」と思いましょう。

凹んだ時は本当に辛いですよね。でも、そんな目に遭っているのはあなただけじゃない。嫌な人はいつかいなくなり、凹む環境もそのうち変わることを思い出し、あなたがもっと素敵な女性になるための肥やしにしてしまいましょう。

3 グズグズ考え込まず、寝て忘れよう

❖裏切り、過ち……自分の中の足りない部分を見つめ、次のステップへ

人生には、時に打ちのめされるような残酷な目に遭う場面があります。例えば、信頼していた人から裏切られ、なかなか立ち直ることができず、絶望的な気持ちになり、相手への恨みが募るかもしれません。

でも、そんな時もちょっと視点を変えてみましょう。こんなことになったのは、自分にも何か原因があったかもしれない。例えば想像力、洞察力など、自分に何か足りない部分はなかったかを、この出来事は教えてくれたのではないか、今後は同じ失敗をしないように気をつけて、次のステップへつなげよう。そんな風に考えてみてはどうでしょうか。

あるいは、取り返しのつかない過ちを犯してしまうこともあるかもしれません。私も若い頃、後悔で眠れないほど苦しんだ時期がありました。しかしそんな経験を積むうちに、起こしてしまった失敗をいつまでも抱えていては生きていけない、と悟るようになりました。

人の噂も七十五日。季節が変わる頃にはあなたの失敗も、他人様は忘れています。だからいちいち考え過ぎて落ち込まず、さっさと寝て忘れてしまいましょう。

ある調査結果によると、心配事の9割は実際には起こらないそうです。ほぼ起こらない心配事に囚われ続けてしまうと、いずれ妄想に変わり、そこから抜けられなくなります。

今心配している事はほぼ起こらないのだから、もう考えない。妄想に変わる前に、考え事を自分自身で断ち切る習慣をつけましょう。

この手法を覚えると、ずっとラ

クに生きられます。

4 キーワードは「成長」

❖せっかく嫌な思いをするなら何か「意味」を受け取ろう

これまでお話ししてきた通り、私は子ども時代から若い頃、おそらく平均的な同年代の女の子に比べ、多少厳しい体験をして知恵がついたのでしょう。「良いことも悪いことも、何か意味があって起きている」と思うようになりました。

「せっかく嫌な思いをするなら、そこにポジティブな意味を見出そう」と考える習慣をつけると、同じ長さの時間を生きていても、人としてより成長していけるように思います。

起きたことをどう受け取るかで、その先の人生が大きく違ってくるのです。誰にでも起きる困難や嫌なことを、ただ「嫌な目に遭った」とだけ記憶するのでは、何の成長もありません。

出来事を素直に受け取り、何か意味があるのではないかと謙虚に考えてみると、失敗や苦しい体験も成長の糧にできるのではないでしょうか。

❖成長しない（ネガティブな）人との付き合い方

成長のスピードは人それぞれです。だから、自分が成長していくと、生きるステージが変わり、出会う人たちも変わっていきます。

私は、似た価値観やスピードで成長していく人たちと会い、行動していると、自分の役割がより果たせるようになると感じています。

成長のスピードが違い過ぎる人同士が一緒にいるのは、お互いに苦痛なものです。

私も時には、長年同じ愚痴ばかり言っているような人に会うことがあります。申し訳ないですが、その人はその人で、住む世界があるんだなと思って、そっと退散することにしています。

自分の人生を充実させようと前向きに努力している人は、ものごとをネガティブに考えないので、同じ愚痴を長年言うようなことはしないと思うのです。

同じ愚痴を言い続けている人に、もっとポジティブになるようアドバイスしても、本人自身が変わろうと思って行動しない限りは、変わりません。だったらそこにエネルギーを割くよりも、あなた自身が自分らしいステージで活躍することに邁進してはいかがでしょうか。

いずれその人も輝くあなたを見て、何か気づいてくれるかもしれません。

ネガティブな人に引きずられずに、あなたが自分らしく成長し、本来やるべき役割を果たすことが、周囲にもポジティブな影響を与えるはずです。

5 失敗は「方法を変える」きっかけ

❖「運が悪い」のでなく「方法が悪い」

失敗や嫌なことがあった時、人は大抵落ち込み「私は運が悪い」と思いがちですが、運や環境のせいにして終わり、では自身の成長に結び付きません。

悪いのは運ではなく「方法」である。失敗は「方法が間違っているから、変えなさい」という教えなのだということを、私は中村天風さんの著書『運命を拓く』で知りました。

それからは中村天風さんのさまざまな教え、言葉を座右の銘とし「失敗も意味があって起きている」と思えるようになりました。

失敗したということは、今までのやり方を変える必要があるのでは？　という天からの声。方法を変えて、次のステップに進もうという気づきをもらったのです。

失敗して落ち込んでいる時というのは、遠くに飛ぼうとしてしゃがみ込んでいるようなものなのだと思います。

落ち込み、もがいて、しゃがみ込んでもいいけれど、それは次により遠くへと飛ぶための準備期間。チャンスが来たら今度は別の方法で、思い切り飛んでみることが大切なのではないでしょうか。

❖苦しい時に手にした書物の教え

私が天風さんの本を手にしたのは、仕事もプライベートも低迷していると感じていた時でした。

そんな私に、天風さんの著書は「心の持ちようがその人の人生をつくる」ことを教えてくれたのです。

自分の心構え、心のあり方はその人の根幹をつくるのに重要で、時には体調さえも左右するほど、大切なものなのだと知りました。

天風さんの数々の教えは、それまで私が漠然と思っていたことや考え方を言葉に表現して肯定してくれているようで、長い間悩んできたことの答え合わせができたと感じたものです。

❖受け取ったことをどう応用するかで人生がつくられていく

天風さんはこんなことも言っています。

「偉くなる人とならない人、どうして差が出てくるのか。それは、同じ話を聞いても、受け取ったことを自分の人生にどう応用していくかが違うからだ」

失敗や嫌なことをただ「運が悪い」と拒絶し、良い話を聞いても自分の人生に応用していかなければ、何の成長もありません。

人は本来、ポジティブな言葉に奮起し、変わっていこうとするものだと私は思います。

例えば、上司でも友人でも占い師でも、誰かから何かポジティブな言葉をもらったとしたら、ぜひ気持ちを起き上がらせ、前向きなステップのためのエネルギーとして、実際の人生に取り入れてみてください。

苦しい時には若き日の私のように書物を手にし、大先輩がどう生きたのかを学び、先達の言葉をあなたの人生に応用することもお勧めです。

Chapter 7

幸せな女性の人生、結論は？

ここまで、若い女性の皆さんが悩みがちな恋愛、結婚、仕事、健康、育児、人間関係などのテーマ別に、私なりに経験、勉強してきた中で掴んだヒントをお伝えしてきました。最後の章ではまとめとして、幸せに生きるための行動や言葉選び、心の持ちようについて伝えていきます。

1 幸せに生きるための最大のポイントは「選択」

❖人は毎日3万5千回選び、その積み重ねが10年後のあなたになる

私が最も重要だと思い、意識しているのは「行動の選択」です。ケンブリッジ大学のバーバラ・サハキアン教授の研究で、人は一日に最大3万5千回の選択をしていることがわかっているそうです。その日何時に起き、どんなものを食べ、どうスケジュールを組み、誰に会い、どんな言葉を使うのか。小さな無数の選択の積み重ねがその先の自分をつくっていくのです。

つまり今の自分は10年前の選択の結果であり、今している選択が、10年後の自分をつくっているのだと言えます。

そう考えると、今の自分の環境や立場、幸せ度合いも、これまでの自分の選択の結果であり、その意味では自己責任によってかたちづくられたものなのです。それをぜひ意識して、今日の行動一つひとつを心して選び、決めていってください。

例えばお休みの日曜日。起きる時間を決めず、何となくダラダラと過ごして終えることもできるし、早起きしてジムに行くこともできます。何を選び、決め、行動するかはあなた次第で、小さな選択の結果がその先のあなたをつくります。

今日の小さな行動の積み重ねが10年後の自分になるのだと、意識するかしないかで、その先の幸せ度合いにも違いが出てくるのです。

2 ラクな道よりもちょっとだけ大変な方を選ぶ

❖迷った時は下がらず、半歩前へ出よう

人は自然と、大変な道よりもラクな道を選んでしまいがちです。

でも、そこで少し気合を入れて半歩だけ前進してみる。そのちょっとした違い、積み重ねが、将来大きな差となって表れると、私自身が経験で学びました。

リクルートで営業職に就いていた当時、飛び込み営業で出会った企業

の方とのエピソードを紹介させてください。

初めてご挨拶したその方は、片手で私の名刺を受け取り、横顔で一言「たくさんの営業さんが来るから覚えられへんわ」。

普通であれば脈なし、嫌がられているなどと捉え、そこで訪問を諦める人は多いかもしれません。

けれど、私は翌日ポラロイドカメラで撮った自分の顔写真を切り抜いて名刺に貼り、その企業を再訪しました。「これで覚えていただけますか？」と。

会社に戻った私は上司から、その「○○社様から仕事を依頼した

いと連絡があった」と告げられたのです。その企業様とは、今でも公私共にご縁がつながっています。

あの時に無理だと諦め、顔写真付きの名刺を持って再訪しなければ、今の自分はなかったかもしれません。

当時は意識していませんでしたが、あの時の選択が、今の私をつくったのだと10年後になって気づくのです。

迷った時はちょっとだけ大変な方を選ぶ。下がらずに、半歩前へ進んでみるのがお勧めです。

3 否定的な言葉を使わない

❖否定形をポジティブ変換してしまおう

一つひとつの選択が大事という意味では、どんな言葉を使うかもとても重要です。

中でも私が意識しているのは「否定的な言葉を使わない」ことです。たとえば「できない」と思ってもそうは言わず、できる方法を探してみる。否定形を使いそうになったら、同様の意味でその言葉を「ポジティブ変換」してしまえばいいのです。

例えば、娘が幼い頃のことでした。次女があまり字が上手くなく、小さい字を書いていたのです。

すると近くにいた人が「そんな小さい文字を書いていたら、誰にも読んでもらえなくなるよ」と言ったのです。ちょっと違うな、と思った私はポジティブ変換し、「こういう風に書けば楽しく読んでもらえるよ」と娘に言って聞かせました。

同じような意味でも、人を応援する言葉を使うと、言われた人は勇気をもらえるのだと思います。

そして、勇気を送るつもりでポジティブな言葉を使う習慣をつけていると、いつの間にか自分が応援してもらえる人になっている、というのが私の実感です。

4 笑う門には福来る、は本当です

❖「おかげさまで」の心で素直に話を聞き、常に謙虚であれ

起業し、ビジネスを続けてきた私が大事だと思うのは、常に「利他」の精神でいることです。キーワードは「素直」「謙虚」「感謝」。

相手の幸せを願い「Give, give, give」の姿勢を基本にしていると、いつの間にか自分の運も好転してきたように感じます。

運気が変わると、お付き合いする人々も変わってきます。

今、私の周りにいる方々は、選択の基準として損得よりも、それが正しいか間違っているかで判断している方が増えてきたように感じます。

恰好つけて言ってしまうなら、その行動が美しいかどうかを大事にするのです。そんな周りの方から良い影響を受け、自分自身も、選択をする時に美学に沿って行動しているか、折に触れて問いかけるようにしています。

❖泣き顔を鏡に写し、笑顔をつくった幼少時代

幸運と福を呼び込むのにもう一つ大事なこと、それは「笑顔」です。たとえ大変なこと、悲しいことがあったとしても、努めて笑うようにするのは、生き抜いていく上での知恵だと思います。

先述した通り、私は子どもの頃、家庭環境が不安定な時期がありました。覚えているのは、家で悲しくて泣いた後、自分で鏡の前に行き、笑顔をつくったことです。

誰に教わった訳でもないのですが、鏡の前で涙を拭いて、無理にでも笑ってみる。今思えば、自己防衛本能だったのでしょうか。

悲しいのだけれど、笑ってみることで、脳が笑顔の骨格を記憶してくれて、気持ちも上向きになる……子ども心に、そんな風に考えようとしたのかもしれません。

明るい笑顔のあるところへ、人も運も福も近づいて来てくれる。

笑う門には福来る、は真理だと思います。

5 決めつけず柔軟に、柳の枝のようにしなやかに

❖価値観が移る世の中でも必要とされるよう、変わりながら成長する

年齢を重ねていくにつれ、人はとかく頑固になりがちですが、中には柔和になっていく人もいます。私はそちら側、柔軟性を忘れないでいたいと思っています。

「頑固」というと、リクルートの営業職時代の経験を思い出します。企業などで一定の地位に就き、その立場に慣れてくると、いつの間にか自分の意見を押し通すことが目的になってしまう方がいることに気づいたのです。

そういう方は、自身の意見を強く主張する途中で、明らかに間違っていると気づいても誤りを認めません。おそらく「そんなことをすれば沽《こ》券《けん》に関わる」というプライドが邪魔をして、柔軟に態度を変えられないのでしょう。

そういう方に会う度に私は違和感を覚え、そして思いました。自分は

プライドよりも「目的」に沿って行動を変えられる人間でありたい、と。

❖イノベーションに不可欠な「柔軟性」

親、経営者、上司などという立場だと、習慣的に「自分が絶対に正しい」と思い込みがちになります。そこで私は意識的に「もしかして私が間違っているかもしれない」と自問するよう、気をつけています。

実際に、子どもだろうが若い部下だろうが、違う立場の人から教えられることはとても多いです。そうした多様な意見を素直に聞ける、心の柔らかさを持っていることで、自分も成長できるのではないでしょうか。

企業のイノベーションに欠かせないのは、柔軟性です。柔軟性がないと新たな発想や高付加価値な商品は生まれない。

歳を重ねるほどに、柳の枝のようなしなやかさを忘れないことが、常に移り変わる世の中で必要とされる企業、人間であるための秘訣だと私は考えています。

6 私も計画は苦手。目の前のことを一生懸命に

❖今日の小さな努力が、描く山の頂へ近づく一歩

これから先の人生に夢がある場合、世の中には壮大な計画を立てて取り組む人もいれば、目の前のことを一つひとつクリアしていく人もいます。

私は経営者なので、もちろん事業計画は立てますが、まずは目の前にあることを一生懸命にやるタイプ。その積み重ねの結果、描いていた地図の行きたい方角、山の頂上へと近づいていくイメージです。

何かやりたいこと、成し遂げたい夢があるなら、毎日小さくても努力を重ねて、思い描いた人生を自分でつくっていきましょう。

相談をしてくる若い人の中には「私はこの仕事が合っていないんじゃないか？」と言う人がいます。

そうした若者には「遠くの格好良い山に憧れて目指すのはいいけれど、今目の前にあることを一生懸命やっていますか？」と問いかけます。ま

ず目の前にあることを一生懸命やることで、その先に見えてくるものがあるんじゃないかな、と。

　それをやらずに遠くばかりを見て、思い通りにならない言い訳を環境などのせいにして、努力をせず理由づけする人がいますが、ちょっと違うのではないでしょうか。

　目の前の小さな仕事は、ともすると地味に見えるかもしれません。でも、地味で小さな仕事もコツコツと積み重ねれば気づきや学びがあり、喜びが生まれ、目指すものが見えてくるのだと、私は信じています。

7 明るく幸せに自分らしく、何一つ諦めずに生きていこう

❖「お母さんはやり残すことなく、生き抜いた」が娘たちへのプレゼント

今の世の中は男女平等で、男性も育児休暇を取得できるなど、法制度が整ってきているように見えます。

しかし実際は、企業などの現場でそうした法律がきちんと運用されているかというと、残念ながらまだまだ不完全と言わざるを得ません。

つまり、夫婦における家事や育児の負担は、いまだに女性の方が重たいのが、日本社会の実情です。

だからといって、女性が仕事におけるキャリアを伸ばしながら、結婚や育児と両立する暮らしを諦めるのは、あまりにもったいないと思います。

繰り返しになりますが、できない理由を探すのではなく、できる方法を探す。知恵と工夫と少しの努力で、望む生き方が手に入れられること

を、私は経験上知っています。

人生は一度きりです。

その一生を、望むものを諦めずに生き抜いていく力をつけてもらうことが、子どもに対する大切な教育の要なのだと思います。

そして私が子どもの頃、母に対して「100%自分を謳歌し、後悔がないように生きるのが一番良い」と考えたように、私自身も望む人生を最後までやりきりたいと思っています。

私が娘たちに贈る最高のプレゼントは、私が死んだ時に「お母さんはしっかり生き抜いたね。後悔のない幸せな人生だったね」と、娘たちが笑って送り出してくれる自分であること。

それが一番の家族愛であり、置き土産だと思っているので、そんな最期を迎える日まで、これからも何一つ諦めずに進んでいこうと思っています。

おわりに

本書を通して記してきたのは「何一つ諦めることなく、生涯にわたり輝いてほしい」という、女性の皆さんへの応援メッセージです。
そのためには若いうちから体を大切にし、夢を持ち、どう考え、行動していくと良いのかというヒント、生きる知恵のようなものを、テーマ別に記しました。

夢を叶え、目指す自分の生き方を全うするには、日々の考え方もとても重要ですが、土台としての基本は「健康」です。まず健康であれば、夢も仕事も家庭生活も、思い通りに全うできると私は信じています。

病気にならない体づくりのためには、その前段階で不調に気づく必要があります。

特に若いうちはなかなか自分の体に意識がいかないかもしれません。どうしても、体力と気力で日々を乗り切り、多少調子が悪くても無視をして頑張ってしまいます。

将来大きな病気に発展してしまわないために、ぜひ自分自身の体の声を聞き、自分を大事にしてほしいのです。

自分を大事にして健康でいられると、精神的にもポジティブになれます。

健康は幸せな人生のベースであり、健康でいることが自分の人生や、ひいては周りの人をも大切にすることにつながります。

では、どうすれば自分の不調に気づき、正しく対処して健康を保てるのでしょうか。

それには結局、自分自身が正しい情報を見極める力をつけるしかありません。溢れる情報を俯瞰して見て、正しく判断できる思考力を高めていく。皆さんには、ぜひそんな力を身につけていただきたいと思います。

私が編集長を務める、心と体の輝きを応援するウェブメディア「PURA《プーラ》 VIDA《ヴィータ》」での情報配信も、皆さんに正しい情報を提供したいという活動の一環です。

2017年8月、女性の美と健康をテーマに誕生した「PURA VIDA」は、月間30万人以上の女性に支持される情報サイトへと成長しました。核家族化や情報過多の時代、「本当に必要な情報を分かりやすく、信頼できるかたちで届ける」ことを大切にしています。

お読みいただいた本書にも、「PURA VIDA」にも「生き方や考え方に少しでも前向きな変化をもたらす体験、出会いを提供したい」という願いが込められています。

経営者ではありますが、私にとっての人生の目的は、皆さんへ「明日の笑顔を届ける」こと。女性が背筋を伸ばし、何にでも挑戦できるためのサポートをしていきたい。

私たちは年齢に関係なく、常に成長し、輝き続けることができます。女性が自分自身を信じ、可能性を最大限に発揮するために。

本書がその一助となることを願っています。

一緒に、未来を創りましょう。

著者注：この本の印税は全て途上国の女子支援に使わせていただきます。

2024年6月吉日

石川奈穂子

石川奈穂子（いしかわ・なほこ）

シックスセンスラボ株式会社 代表取締役

PURA VIDA 編集長

1965年福岡県生まれ。大学を卒業後、株式会社リクルートに入社。企画営業にて実績が認められ、数々の社内表彰を受ける。その後、リクルート専属広告代理店として独立。その後、34歳で第1子、41歳で第2子を出産。出産を契機として自身と子どもの健康の悩みに向き合い、2008年にシックスセンスラボ株式会社を設立。女性のためのサプリメントの開発を開始。2015年、九州大学ビジネス・スクールの成長志向MBAプログラムを修了。

PURA VIDA　https://sixthsenselab.jp/puravida/

女性《じょせい》の悩《なや》み解決大全《かいけつたいぜん》

2024年7月4日　初版第1刷発行

著　　者　石川奈穂子
発 行 人　仲山洋平
発 行 元　株式会社フォーウェイ
〒150-0032　東京都渋谷区鶯谷町3-1 SUビル202
電話 03-6433-7585(編集)／FAX 03-6433-7586
https://forway.co.jp
発 売 元　株式会社パノラボ
〒150-0032　東京都渋谷区鶯谷町3-1 SUビル202
電話 03-6433-7587(営業)／FAX 03-6433-7586
装　　丁　小口翔平＋畑中茜(tobufune)
イラスト　永田あいこ
本文DTP　bird location(吉野章)
校　　正　横川亜希子
編集協力　中島早苗
印刷・製本　シナノ

ISBN978-4-910786-06-3